Anonymous

Tübingen und seine Umgebung

Anonymous

Tübingen und seine Umgebung

ISBN/EAN: 9783744686976

Hergestellt in Europa, USA, Kanada, Australien, Japan

Cover: Foto ©ninafisch / pixelio.de

Weitere Bücher finden Sie auf **www.hansebooks.com**

Tübingen

und seine Umgebung.

Ein Führer

für Fremde und Einheimische.

3. gänzlich neu bearbeitete Auflage.

Tübingen.

Commissionsverlag der Osiander'schen Buchhandlung.
1884.

Inhalts-Verzeichniss.

a) Stadt Tübingen.

b) Umgebung.

I. Allgemeines und Geschichtliches.

Im oberen Lauf des Neckars, da wo sich auf dessen rechten Ufer von der schwäbischen Alb her das schöne Steinlachthal öffnet, südlich vom Schönbuch, östlich von den Vorbergen des mittleren Schwarzwaldes, liegt die württembergische Universitäts- und Oberamtsstadt Tübingen auf einem Höhenzuge, der im Westen mit dem Wurmlinger Kapellenberg beginnt und zwischen Neckar und Ammerthal reichlich bewaldet in abwechslungsvoller Gliederung sich hinzieht. Eine Senkung des Bergrückens, da wo er im Oesterberge nochmal zu beträchtlicher Höhe sich erheben will, wo Neckar- und Ammerthal einander am nächsten kommen — dieser Sattel zwischen Ammer und Oesterberg trägt den Kern der heutigen Stadt. Es ist dies zugleich diejenige Stelle, wo sich die alten Bewohner am engsten mit der schützenden Burg verbunden und dadurch am sichersten geborgen wussten.

1

Die Stadt ist in sichtlicher Abhängigkeit von der Burg Hohen-Tübingen entstanden. Damit stimmt überein, dass in der ältesten Urkunde, in welcher überhaupt von Tübingen die Rede ist, aus dem Jahr 1078 nur von der Burg (dem Castrum Alamannorum quod Twingia vocatur, dem festen Platz der Allemannen, Twingia genannt) wir Erwähnung finden. Ohne Zweifel hatten schon die Römer die strategische Bedeutung dieses Orts erkannt und hatten an der Stelle der heutigen Burg ein Kastell gegründet, um mit genügendem Schutz den Strassenknoten zu versehen, der sicheren Spuren zur Folge an dieser Stelle, in der Nähe des alten Sumlocenne, der Hauptstadt des römischen Zehentlandes (des heutigen Rottenburg), sich entwickelte. Wir wissen nämlich, dass eine Römerstrasse im Neckarthal von Rottenburg sich über Hirschau nach Tübingen zog und mit einer andern im Ammerthal (von Wendelsheim und Jesingen herkommenden) an der Stelle der heutigen Stadt zusammentraf. Doch lassen sich auch noch andere römische Heerstrassen nachweisen, wie z. B. diejenige, welche auf der rechten Seite des Neckars ebenfalls von Rottenburg aus über die heutigen Dörfer Kilchberg, Derendingen, Kirchentellinsfurth nach Altenburg und Oferdingen führte. Ein römischer Denkstein, in nächster Nähe Tübingens gefunden, mag den römischen Ursprung der Veste noch weiter bestätigen. Näheres über die Kindheitsgeschichte der Niederlassung ist nicht bekannt und was man darüber zu wissen glaubt, muss in's Reich der blossen Vermuthungen verwiesen werden. So auch die Nachricht eines Blaubeurer Chronisten, dass Kaiser Vespasian Burg und Stadt gegründet habe, und dass der Name aus der Stiftungs-Urkunde: Titi Vespasiani Beneficio, oder vielmehr aus den Anfangsbuchstaben dieser Wörter (T V B) geschöpft sei. Die ältesten Benennungen der Stadt (ausser Twingia: Tuingen, Tuwingia, Twingen) weisen wohl auf deutschen Ursprung hin. Vielleicht bedeutet der Name einfach den „Twing" d. h. die Zwingburg, die Festung; möglich ist auch die Ableitung von irgend einem deutschen Eigennamen, so von dem des Gottes Ziu oder Tiu, in welchem Fall wir die Bedeutung erhielten: Ort der Söhne des Ziu, des germanischen Kriegsgottes; die Namenserklärung des nahe gelegenen Schwärzloch (Swertisloch) d. h. Schwertwald) würde dem zur Seite stehen.

Jedenfalls finden wir im 11. Jahrhundert die Burg im Besitz eines zum Stamm der Nagoldgaugrafen gehörigen Geschlechtes. Die Grafen von Tübingen erhielten um 1400 die schwäbische Pfalzgrafenwürde; sie waren ein mächtiges und ansehnliches Geschlecht und ihre Herrschaft konnte wohl zur Gründung der im Jahr 1231 zum erstenmal urkundlich auftretenden Stadt Anlass geben. Im Jahr 1342 scheint jedoch der alte Glanz verblichen zu sein; jene Herren verkauften in diesem Jahr ihre Stammburg an den Grafen Ulrich von Württemberg; Tübingen kam somit unter württembergische Herrschaft und hiebei ist es — die Zeit der Vertreibung Herzog Ulrichs abgerechnet — geblieben.

Das Jahr 1477 war es, in welchem der Grund für Tübingens Bedeutung gelegt wurde. Eberhard im Bart, welcher in der südlichen Hälfte des damaligen Württembergs regierte — das Land war zu jener Zeit noch getheilt — stiftete die Hochschule. Tübingen musste bei der Wahl unter den 2 bedeutenderen Städten seines Gebiets den Vorzug bekommen, weil es durch seine Lage zu weiterer Ausdehnung fähig war, als die von hohen Bergen engumschlossene Residenz Urach.

Seitdem ist Tübingen das, was es ist: eine Universitätsstadt im vollsten Sinne des Wortes und Dank der Aufmerksamkeit, welche das Land und seine Regierung dem theuren Kleinod von jeher zuwandten und Dank seiner herrlichen Lage in schwäbischen Gauen hat Tübingens Name weithin einen guten Klang.

II. Die Stadt Tübingen.

Früher zweite Haupt- und Residenzstadt betitelt, wurde Tübingen 1811 eine der sieben „guten Städte," und ist als solche durch einen eigenen Abgeordneten in der Kammer vertreten. Die Stadt zählt zur Zeit 11700 Einwohner, und ist Sitz des Gerichtshofs für den Schwarzwaldkreis, der Landes-Universität und einer General-Superintendentur. Administrativ ist der Oberamtsbezirk der Kreisregierung in Reutlingen untergeordnet. Neben den verschiedenen Staats- und städtischen Behörden ist Tübingen ferner Sitz eines Postamts und Bahnhofs mit Telegraphen- und Zweigbahnstation. In der neuerbauten Kaserne im Steinlachthal ist seit 1877 das Füsilier-Bataillon des 7. Württembergischen Infanterie-Regiments Nr. 125 untergebracht.

Die Lage der Stadt Tübingen darf entschieden zu den reizendsten unseres schönen Schwabens gezählt werden. Berg und Thal wechseln angenehm mit einander ab: fruchtbare Ebenen, mit Reben und Laubwäldern bepflanzte Thalgehänge, wie Poesie und Prosa zu einem harmonischen Ganzen verschmolzen, machen auf das Auge des Beschauers, Geist und Gemüth desselben erhebend, beim Anblick dieser anmuthigen und gesegneten, all' diese landschaftlichen Reize in sich vereinigenden Gegend den wohlthuendsten Eindruck.

Am freundlichsten spricht uns wohl der Blick auf Stadt und Umgebung vom Oesterberg (Wielandshöhe) aus an. Hier das stille Ammerthal mit dem fruchtbaren Gäu und dem Schwarzwald im Hintergrund; zur Seite die bewaldete Hochebene des Schönbuchs, das Neckarthal mit seinen freundlichen Dörfern, das ebenso anmuthige Steinlachthal, der majestätische Steilabfall der Alb mit seinen anziehenden Höhenpunkten und Vorbergen, und unter uns, auf seinem Bergsattel liegend, zu den Füssen seiner schützenden Burg unser ehrwürdiges Tübingen. In der That ein Landschaftsbild, das dem entzückten Auge manche Abwechslung, viele malerische Partien bietet!

Doch wenden wir uns zur Stadt, um dieselbe einer näheren Besichtigung, die sie wohl verdient, zu unterziehen. Welch' reges Leben in ihren Mauern, interessant in allen Einzelheiten! man ist versucht, die Unregelmässigkeit ihrer Anlage darüber zu vergessen, und vielleicht eben darum, sich in ihr recht gemüthlich zu finden!

· Die uranfängliche Stadt bestand in dem langgestreckten Streifen, der den Theil der heutigen Stadt vom Schloss bis zur Georgenkirche ausmacht („obere Stadt"); bald erweiterte sich dieselbe gegen das Ammerthal hin, von welchem Stadttheil, untere Stadt genannt, hauptsächlich die Landwirthschaft und Weinbau treibenden Bewohner Besitz genommen haben. Die noch vorhandenen Ueberreste von Festungsgräben, Vorwerken und Umgebungsmauern gewähren uns ein Bild von der ehemaligen wohlbefestigten Stadt. Dieselbe war nach aussen durch eine vom Schloss ausgehende, um die Kirche laufende und zum Schloss zurückkehrende Mauer,

abgegrenzt und nach Osten durch einen Festungsgraben
(Mühlestrasse) und ein Vorwerk (Kameralamts-Gebäude)
noch besonders geschützt. Erst später mit der Erweiterung
des Umfangs der Stadt wurde eine andere Anlage der
Stadtmauer getroffen, und zwar vom Schloss ausgehend herab
zum Hirschauer Thor, den Neckar entlang bis zum Neckarthor, von hier aus durch den Mühlweg zum Lustnauer
Thor, zum Schmidthor und zum Haagthor bis zurück an
das Schloss.

Von den über Mauern und Thore sich erhebenden
Thürmen der Befestigungsmauer sind heute nur noch der
Thurm am Neckarthor, der Hölderlinsthurm (ebenfalls am
Neckar gelegen und bemerkenswerth als der Wohnsitz des
unglücklichen Dichters), sowie zum Theil der Thurm am
Hirschauer Thor (Neckarhalde) zu sehen.

Wie ganz anders das Aussehen der heutigen Stadt!

Regelmässig gebaute Strassen und Vorstädte mit zum
Theil sehr stilvollen Häusern sind in neuerer Zeit verhält-
nissmässig rasch entstanden, so z. B. die Wilhelmsstrasse
mit den stattlichen Universitäts-Gebäuden, die Neckarhalde
mit ihren schön gebauten und reizend gelegenen Herrschafts-
häusern, die Gartenstrasse, die Neckarvorstadt mit der Kaserne
und dem Bahnhof, die Schmidthor-Vorstadt an der Strasse
nach Herrenberg u. s. f.

Die Entstehung der öffentlichen Gärten, die herrlichen
Alleen auf dem Wöhrd, köstlich durch ihre schattigen Spa-
zierstrassen, sowie die der schönen Verbindungsstrasse mit
Lustnau gehören ebenfalls der Neuzeit an. Doch kommen
wir endlich auf die Sehenswürdigkeiten der Stadt im ein-
zelnen zu sprechen. Vor Allem ist hier zu verzeichnen als
die erste Merkwürdigkeit der Stadt

Das Schloss Hohen-Tübingen.

In früheren Zeiten eine bedeutende Festung, mit deren Schicksal dasjenige der Stadt eng verknüpft war. Die Geschichte der Burg, besonders die ihrer Belagerungen kann uns dies zeigen.

Die älteste Belagerung ist die im Jahr 1078, wo Tübingen erstmals in der Geschichte auftritt. Graf Hugo von Tübingen leistete damals auf Seiten des Gegenkönigs Rudolf den Anhängern König Heinrichs kräftigen Widerstand, wenn er sich auch schliesslich ergeben musste. Welf VII., der i. J. 1164 mit 2200 Mann vor den Thoren erschien, zerbiss sich die Zähne an dem tapferen Widerstand des Pfalzgrafen Hugo. — Im Jahre 1342 kam die Burg und die Stadt durch Verkauf an die Württemberger und war von da an die stärkste Festung Württembergs und zugleich ein Lieblingssitz der württembergischen Herrscher. Sie spielt im Jahre 1514 eine wichtige Rolle durch ihre Treue gegen Herzog Ulrich in dem Bauern-Aufstand, der den Namen des „armen Konrad" führt. Hieran schliesst sich der Tübinger Vertrag, die Grundlage der württembergischen Verfassung und zugleich die Stiftung des Tübinger Wappens. Im Jahre 1519 hing das Schicksal Herzog Ulrichs schliesslich von der Haltung Tübingens ab. Das Vertrauen des Herzogs auf die 62 Ritter, welche die Besatzung anzuführen und seine beiden Kinder zu beschützen hatten, wurde freilich schmählich getäuscht: nach nur kurzem Widerstand ergaben sich diese unritterlichen Ritter, deren Namen eine vom Herzog im Speisesaal des Schlosses ihnen zur Schande errichtete Gedenktafel der Nachwelt aufbewahrt hat.

Durch jene That gieng das Schloss in die Hände der Habsburger, Karls V. und seines Bruders Ferdinand über und erst im Jahre 1534 konnte sich Ulrich wieder der Burg bemächtigen. — Neue Gefahr drohte dem Herzog im schmalkaldischen Kriege (1547). Doch trotzte die Burg diesmal, obwohl Stadt und Amt sich ergab, hartnäckig dem Kaiser Karl V. — Im 30jährigen Krieg hatten Stadt und Burg manches zu erleiden; die letztere musste dem Herzog von Lothringen übergeben werden. Die Folge dieser Einnahme war damals die Entfernung der sehr werthvollen herzoglichen Bibliothek nach München. — Die auch in späteren Zeiten noch fortdauernde Bedeutung der Veste setzte sie namentlich in den Franzosenkriegen mancherlei Gefahren aus; eine solche drohte von Seiten des Generals Paysonnel, dem sich (1688) die Burg ohne Widerstand ergab. Derselbe wollte ursprünglich die ganze Festung schleifen, doch brachte es Professor Osiander dahin, dass er sich mit der Zerstörung unwesentlicher Bestandtheile der Burganlage begnügte. — Auch als Melac 1693 selbst nach Tübingen kam, gieng, wiederum Dank Osianders Verwendung, die Gefahr glücklich vorüber. — In den Revolutionskriegen musste sich Stadt und Burg Einlagerungen von Seiten des Condé'schen Corps und der Armee Vendamme's gefallen lassen.

Hohen-Tübingen hat seit jenen Zeiten seine kriegerische Rolle ausgespielt und dient nur noch den friedlichen Zwecken der Wissenschaft; jedoch lässt die jetzige Anlage noch deutlich die ehemalige Bedeutung erkennen. Das Schloss bietet, vom Thal aus gesehen, einen imposanten Anblick dar und erweist sich als ein mächtiges längliches Viereck, an dessen Ecken stattliche Thürme postirt sind.

Doch sehen wir uns zunächst die Vorwerke der Burg

und den Aufstieg zu derselben von der Burgsteig her näher
an. Ein tiefer Graben trennt das Schloss und die zur Rechten
sich hinziehende starke Bastei von der Stadt. Eine steinerne,
auf schön geschwungenem Bogen ruhende Brücke führt statt
der alten Fallbrücke zu dem merkwürdigen ersten Schlossthor, dessen Façade in deutscher Renaissance auf originelle
Weise aufgeführt ist. Ueber dem Thorbogen und dem Ge-
bälk ist das württembergische Wappen angebracht, umgeben
von Früchten, Masken und Geschnörkel, von je einem Lands-
knecht zu beiden Seiten bewacht. Das Thor ist unter Herzog
Ulrich erbaut, das Wappen dagegen später unter Herzog
Friedrich im Jahre 1608 hinzugefügt worden. Bemerkenswerth sind im Innern des Thors die Gurten, mit Diamanten
und im Scheitel mit einer Rosette geziert und akustisch
gebaut. Links führt eine gothische Stabwerkspforte zur
Wohnung des Messners der Schlosskapelle. — Der Weg
führt weiter, zwischen dem tiefen Graben gegen die Stadt
hin und der Bastei zur Rechten an den südlichen Thurm
der Burg, der mit spitzig vorspringendem Grundriss den
ehemaligen, runden, aber längst gesprengten Thurm ersetzt.
Seine inneren Räumlichkeiten sind als Gefängnisslokale verwendet. Vor ihm steht die angeblich von Herzog Ulrich
gepflanzte Linde. — Wir gelangen über den zweiten Graben,
der die eigentliche Burg von dem östlichen Vorwerk trennt,
zum zweiten Schlossthor, das ebenfalls in Renaissance gehalten ist und das württembergische Wappen darstellt. Es
unterscheidet sich vom ersten durch die wunderbare, jedoch
in der Renaissance häufig beliebte Unsymmetrie.

   Betreten wir das Innere, so erscheint uns zunächst der
geräumige Hof, umschlossen von den vier gewaltigen Flügeln,
die auf den Grundmauern der alten Pfalz erbaut sind. —

Vom Hof aus gelangen wir zur Rechten in den Hörsaal für
Physik und auf die Sternwarte, welche beide in dem runden
Nordthurm sich befinden, sowie in die Wohnung des Physik-
und Astronomie-Professors; ferner wiederum durch ein
eigenthümliches Renaissancethor in den ehemaligen grossen
Rittersaal, welcher jetzt der äusserst umfangreichen, werthvollen Universitäts-Bibliothek eingeräumt ist. Die Bibliothek
nimmt theilweise 3 Flügel des Schlosses ein; zu ihren oberen
Räumen kommt man durch das Thor in der Nordwest-Ecke
des Hofes. Zur Linken bemerken wir den Eingang in die
Schlosskapelle, jetzt Uebungsstätte für Predigtamts-Candidaten,
weiter oben den Eingang in den Hörsaal und das Laboratorium für organische Chemie. — Im hinteren Theile des
Hofes steht ein Brunnen, dessen Säule einen Manchem räthselhaften steinernen Aufsatz trägt; derselbe soll eine bei
der Belagerung vom Jahre 1519 in's Schloss geschossene
Bombe darstellen. — Die hölzerne Treppe in der Südwest-
Ecke führt zur ehemaligen Wohnung des Schloss-Wacht-
meisters und der jetzigen eines Bibliothek-Angestellten, sowie zu dem kräftigen, mit Kanonenlücken versehenen Süd-
westthurm; nach Rechts auf eine gegen Westen vorspringende
hohe Bastei. — Merkwürdigkeiten genug bieten uns die
unterirdischen Räume des Schlosses dar (der Bibliothekdiener
ist jederzeit sie zu zeigen bereit). Sie sind zugänglich durch
ein Thor in der nordwestlichen Ecke. Sehenswerth ist in
dem Keller vor Allem der runde Ziehbrunnen, bis unter die
Sole des Neckars (84 Meter tief und 4 Meter weit) aus
Quadern gemauert. Er stammt schon von den alten Pfalzgrafen und hatte den Zweck, bei Belagerungen die Besatzung
gefahrlos mit Wasser zu versorgen. — Beachtung verdient
ferner das in dem hochgewölbten Keller unter dem alten

Rittersaale liegende Tübinger Fass, das „grosse Buch" genannt, erbaut unter Herzog Ulrich von Meister Simon in Bönnigheim, der im Ganzen 90 Eichenstämme dazu verwandte und als Lohn 150 fl. nebst einem „Hofkleid" erhielt. Das 8 Meter lange und 4,75 Meter hohe Ungethüm fasst 83,740 Liter (286 württ. Eimer). — In diesem Kellerraum wird auch die Oeffnung eines unterirdischen Ganges, der nach Schwärzloch geführt haben soll, gezeigt. — Unter der nordwestlichen Bastei und einem Theil des Hofraumes befinden sich Gänge, welche in frühere Rittergefängnisse münden, sowie zu einem grossen runden Raum mit kugelförmigem Gewölbe und Gallerie in halber Höhe führen. Derselbe bildete die Stätte des Fehmgerichts; nebenan befindet sich die alte Folterkammer.

Haben wir uns dem Tageslicht wieder zugewandt, so mag uns ein schmales Pförtchen in der Mitte des westlichen Flügels durch letzteren hindurchführen. Zunächst gewahren wir die Reste des früheren von Melac's Mannschaft zerstörten Pulverthurms. Wenden wir uns nach links weiter, so kommen wir in das untere Geschoss des Südwestthurms, welches das eigentliche Burgverliess enthält, einen gewölbten 10 Meter tiefen finstern Raum, in welchem die Gefangenen hinuntergehaspelt wurden. — Das nach Süden sich öffnende Thor des Südwestthurms zeigt noch oben die Rollen für die Ketten der Fallbrücke; schon hier eröffnet sich aber dem Auge des Wandrers das lieblichste Panorama. — Wir werden weiter geführt über dem hintern Graben vorbei auf das sog. „Schänzle", einen zur alten Befestigung gehörenden Platz, von dem aus wir ausser dem Blick auf die Hinterseite des Schlosses wiederum eine wunderhübsche Aussicht auf die Stadt mit ihren prächtigen Baumanlagen, in's Neckar-

thal und Steinlachthal mit deren Dörfern, auf die schwäbische
Alb, namentlich die Gipfel der Achalm, des Rossbergs, des
Salmendinger Kapellenbergs und des Hohenzollerns, nicht
minder in das Ammerthal, die Vorhügel des Schönbuchs und
im fernen Westen die des Schwarzwalds geniessen können.
Als bemerkenswerth ist weiter zu nennen

Die Stadtkirche

oder Stiftskirche zu St. Georg, nicht sowohl durch die aus-
nehmende Schönheit der Bauart, — sie hat in dieser Hin-
sicht Aehnlichkeit mit der Stiftskirche in Stuttgart —, als
vielmehr dadurch merkwürdig, dass, wie Klüpfel bezüglich
ihres äusseren Charakters bemerkt, in ihr das allmählige
Verschwinden des edleren Baustils deutlich wird. Einfach,
doch vielversprechend, rein gothisch gehalten, hebt sich der
ältere schöne Chor von den durch Schönheit und Reichthum
der Bauart weniger sich bemerkbar machenden, und dem
Stil nach zu schliessen, später entstandenen übrigen Theilen
der Kirche ab. Langhaus und Thurm bieten, einige Reliefs
und Gedenksteine ausgenommen, wenig Bemerkenswerthes.
Die eigenthümlichen, frühromanischen Greifen- und Löwen-
gestalten, mit denen wir einige eingemauerte Steine geziert
sehen, hat man schon versucht, mit der Lindwurmsage und
sonstigen abenteuerlichen Sagen in Beziehung zu setzen, sie
sind aber wohl nur als im Geschmacke ihrer Zeit angebrachte Steinmetzzeichen anzusehen. Laut der Inschrift,
welche wir auf einem an der südwestlichen Ecke eingemauerten Stein finden, ist derselbe als der älteste Stein der
Kirche anzusehen und schon an der dritten Kirche auf dieser
Hofstatt angebracht. Die Drachen und Löwen an dem
nördlich gelegenen Hauptportal der Kirche sind ebenfalls

Steinbilder von der wohl romanisch angelegten ersten Kirche. An der Südseite der Kirche sind Grabdenkmale von dem ehemaligen, vor der Kirche gelegenen Begräbnissplatze eingefügt. Das Relief im Fenster bei der nordöstlichen Ecke stellt den hl. Martin dar, mit einem Bettler sein Kleidungsstück theilend; in dem benachbarten Fensterrelief ist St. Georg dargestellt, die hl. Jungfrau von einem Ungethüm befreiend; in einem andern die Krönung Mariä. An der östlichen Seite des Schiffes fällt uns am meisten das Fenster mit dem, geräderten Mann, dem sogenannten Wahrzeichen von Tübingen in die Augen, ohne Zweifel den hl. Georg als Märtyrer darstellend. Doch knüpft sich hieran, wie uns Crusius berichtet, auch die bekannte Sage von dem Schicksal zweier mit einander in die Fremde ziehenden Bürgerssöhne. Der eine, ein Bäcker, kommt ohne seinen Kameraden zurück. Da alle Nachforschungen über das Verbleiben des andern, einem Metzgersburschen, erfolglos sind, wird dem Bäcker, durch die Qualen der Folter das Geständniss abgenöthigt, seinen Gefährten ermordet zu haben. Der Unschuldige wird auf das Rad geflochten. Kurz nachher kehrt der ermordet geglaubte Mann gesund und zur Bestürzung Aller zurück. Als Sühne für den unschuldig Hingerichteten soll die Stadt durch Kaiser Maximilian veranlasst worden sein, das erwähnte Wahrzeichen in dem Rundfenster anzubringen. (Vgl. die Monogr. von Max Eifert.) Drei an Chor und Langhaus bemerkbare Grundsteine verlegen den Aufbau der St. Georgenkirche in die Zeit der letzten Hälfte des 15. Jahrhunderts (1470, 1478, 1483).

Weitaus mehr Interesse verdient das Innere der Kirche, welche durch die vor wenigen Jahren aufgenommene, gründliche Restauration jetzt sogar verdient, zu den schönsten

des Landes gezählt zu werden. Vor allem ist es wieder
der Chor, der durch seine würdige Bauart, seine herrlichen
Glasmalereien und in ganz besonders hohem Grade dadurch
unsere Aufmerksamkeit verdient, dass in ihm die Grabmäler
und Grüfte der alten württ. Fürsten und deren hohen An-
verwandten sich befinden.

Ein schönes Gitter sondert den Chor vom Hauptschiff
der Kirche ab. Es wird durch drei hohe, mit Gegenständen
aus der bibl. Geschichte bemalte Glasfenster herrlich beleuchtet; gothische Verzierungen umgeben dieselben, und
unten bemerken wir unter Anderen die Bildnisse Graf Eberhards und seiner Gemahlin, einige Gedenktafeln und die
alten Fahnen der Stadt. Das prachtvoll bemalte Chorge-
wölbe ruht auf Säulchen und den sehr interessanten, an den
Gurtenträgern angebrachten, lebensgrossen Gestalten der
12 Apostel; bei jedem ist die Art des Martyriums durch
Zeichen angedeutet. Auf den Schlusssteinen bemerken wir
den hl. Georg, Maria mit dem Jesuskinde, das Wappen von
Württemberg und Mantua und einen Engel mit Schild
und Georgenkreuz. Auch der schön gemalte Flügelaltar
an der südlichen Wand, aus der Ulmer Schule stammend,
erregt unsere Aufmerksamkeit; wir sehen an ihm: Christus
am Oelberg, die Bildnisse der Stifter, die Kreuzigung, die
Salbung des Leichnams und die Jahreszahl der Stiftung des
Altars, 1520. Unser ganz besonderes Interesse indessen ist
auf die Grabmäler gerichtet. Seit dem Jahr 1450 war der
Chor die Grabstätte der Fürsten aus der Uracher Linie;
erst durch Herzog Ulrich, der die Leichname von Einsiedel
und Güterstein nach Tübingen bringen liess, wurde er Be-
gräbnisstätte für die gesammte württembergische Regenten-
Familie. Der ganze Boden des geräumigen Chors ist mit

Grabmälern bedeckt, von denen die 3 ersten Reihen aus der besten Renaissance stammen. Auf prachtvollen von Löwen Hirschen, Widdern oder auch Hunden getragenen, und mit Inschriften versehenen Grabplatten, wie im heiligen Frieden schlummernd, liegen die lebensgrossen Steinbilder der unter ihnen ruhenden Leichname.

Vor allen bemerkenswerth ist das Bild des ersten Herzogs von Württemberg, Graf E b e r h a r d i m B a r t († 1496), Stifter der Universität, durch Herzog Ulrich 1537 von Einsiedel hierhergebracht. Neben ihm der ernste, vielgeprüfte H e r z o g U l r i c h († 1550) und dessen Gemahlin, die Herzogin Sabina mit ihrer Tochter, der Prinzessin Anna.

E v a C h r i s t i n a , die in zartem Alter gestorbene Tochter des Grafen Georg von Württemberg, ein jungfräuliches Mädchenbild von einnehmender Schönheit.

G r a f L u d w i g d e r A e l t e r e († 1450), Vater Graf Eberhards im Bart; ihm zur Seite seine Gemahlin Mechthilde. Beide wurden von Güterstein hierhergebracht.

H e r z o g R u d o l f v o n B r a u n s c h w e i g († 1616) Bischof von Halberstadt; schönes Marmorbild des jugendlichen Priesters.

H e r z o g G e o r g von Norwegen und Schleswig - Holstein († 1613 im collegium illustre), in prachtvoller Rüstung.

H e r z o g C h r i s t o p h († 1568) und neben ihm seine Gemahlin Anna Maria, nebst ihrem Sohn, dem Prinzen Eberhard.

H e r z o g L u d w i g († 1593) auf kunstvoll verziertem Lager und seine Gemahlin Dorothea Ursula.

Verlassen wir den Chor, so gelangen wir zur Grabstätte vieler edler und berühmter Männer. Wir erwähnen hier: Crusius († 1607); Andreas Osiander, Tübingens schützenden Wohlthäter († 1612); J. Andreä († 1590); den bei der Belagerung der Burg Tübingen gefallenen Stratiotenführer Georg Samaras († 1519); Hans Ungnad, Freiherr von Sonnegg († 1564), Leiter beim Druck der Bibelübersetzung in Urach; das Grabmal des bekannten Predigers Storr († 1805).

Bemerkenswerth durch kunstvolle Ausstattung sind auch die Grabdenkmale der in der Kirche bestatteten, im Collegium illustre gestorbenen adeligen Studenten. Schauerlich ist das am nördlichen Eingang angebrachte Bild des Edlen von Schleiniz, der als Gottesläugner gestorben und dessen Leichnam sogleich nach dem Tod von einer Schlange zerfressen worden sein soll. Auch der Taufstein, 1497 von der Familie Bräuning gestiftet, und die steinerne Kanzel, beide in edlem Stile erbaut, verdienen unsere Aufmerksamkeit. An der mit einem schönen, spätgothischen Schalldeckel versehenen Kanzel sind die Reliefs der vier Evangelisten und der hl. Jungfrau angebracht. Der Altar wurde neu im Geschmacke der Kanzel gebaut und mit einem Eisengitter umgeben. Die äusserst schönen, mit Laubwerk und Patriarchenbildern verzierten Chorstühle und Bänke sind ebenfalls von gothischer Bauart, wie auch die Empore der Kirche. Sehenswerth sind auch die Bilder der beiden Sakristeien.

An der Nordseite der Kirche gegenüber dem Offizier-Casino fällt uns der in modern gothischem Stile schön gebaute Georgenbrunnen in die Augen. Er wurde 1842 an die Stelle des 1523 errichteten, mit der Statue des hl. Georg gezierten Brunnens gesetzt, und wird wie der Markt- und Convikts-Brunnen von sehr gutem Wasser gespeist.

Weiter erwähnenswerth ist die

Spitalkirche zu St. Jakob,

auf einem früheren Kirchhofe zu Anfang des 16. Jahrhunderts erbaut. Sie war ursprünglich die Kapelle eines Nonnenklosters und hat daher keinen Taufstein in ihrem Innern. Merkwürdig sind die vielen, auf dem Boden der Kirche liegenden, meist ausgetretenen Grabplatten der im 30jährigen Kriege gefallenen und hier beerdigten Soldaten. An den Schlusssteinen des schön mit Flammen und Blumen bemalten Gewölbes sind die Bildnisse des hl. Urban, des hl. Jakobus, des hl. Matthäus, und der hl. Maria mit dem Kinde angebracht; weiter fällt uns das von Engeln gehaltene Wappen der Stadt, sowie das herzoglich württemb. Wappen in die Augen. Die gemalten Epitaphien an den Wänden des Chors gehören der Renaissancezeit an. Wohl von der früheren Kirche herrührend sind die an der Aussenseite des Chors eingemauerten Steine, auf denen eine mit Händen gehaltene Sonne dargestellt ist, sowie noch verschiedene andere Figuren, die wohl an den Sonnenkultus erinnern. Die jetzt abgebrochene Kapelle neben der Spitalkirche, diente lange Zeit als Anatomie-Gebäude.

Die in den Jahren 1876—78 erbaute, sehr schöne

Katholische Kirche

steht an Stelle der abgebrochenen früheren Kirche hinter dem Convictsgebäude in der Froschgasse und ist in einfachem, gothischem Style aufgeführt.

Wenige Schritte von der katholischen Kirche entfernt ist

Das Convikt,

auch Wilhelmsstift genannt, welches 1588—92 von Herzog Ludwig für adelige Studirende erbaut und desshalb mit dem Namen Collegium illustre belegt wurde. Seit 1817 ist dasselbe dem von Ellwangen (der ehem. fürstabteilichen Residenz) nach Tübingen verlegten katholischen Seminar eingeräumt. Das grosse, auf der Stelle eines abgebrochenen Franziskanerklosters im Renaissance-Stil gebaute Gebäude umschliesst einen sehr geräumigen Hof, in dessen Mitte ein Brunnen sich befindet. Das Wilhelmsstift ist ähnlich organisirt wie das evangelisch-theologische Stift. Bei kostenfreier Wohnung und Speisung werden die Stipendiaten, nachdem dieselben ein niederes Seminar abbesucht haben, für das Priester-Seminar in Rottenburg vorbereitet, wo unter Aufsicht des Bischofs dieselben zu katholischen Geistlichen vollends ausgebildet werden. Ausser der Wohnung des Direktors, der zugleich kathol. Stadtpfarrer und Garnisonsprediger ist, enthält das Gebäude einen Bibliothek- und Lesesaal, die Lehrsäle und Wohnungen für die Repetenten, Conviktoren und den Hausmeister.

Das evangelisch-theologische Seminar oder das Stift (ehemaliges Augustinerkloster) ist sehr schön am Neckar und am Klosterberg gelegen, wurde 1536 von Herzog Ulrich gegründet und besteht aus dem 4stockigen, älteren Gebäude und einem neueron Anbau. Der alte Bau an dem sog. Bärengraben, einem alten Stadtgraben stehend, hatte schon 1560 die heutige Anlage. Die frühere Klosterkirche ist der Bibliothek eingeräumt; die gothische Halle im untern Stockwerk ist jetzt ein Holzmagazin. Der neuere Bau schliesst den inneren, viereckigen Hofraum ein; Pfeiler-Arkaden ersetzen den früheren Kreuzgang. Durch den Haupteingang des Stifts, welcher in einer abgrenzenden Mauer angebracht ist, gelangt man an der Wohnung des Thorwarts und dem Ephorathaus vorbei in den äusseren Hofraum, in welchem ein Brunnen sich befindet, der mit den Brunnen in der Haaggasse, dem Krankenhaus- und dem Clinikums-

Brunnen aus einer Quelle gespeisst wird. Im untersten Stockwerk befindet sich der geräumige Speise-Saal, ausserdem enthält das Stiftsgebäude Hör-Säle, Zimmer für die Repetenten und in „Stuben“ abgetheilte Wohnungen für die Seminaristen, sowie Wohngelasse für die Diener. Jedes Jahr werden aus den niederen Seminarien des Landes, sowie nach abgelegter Conkurs-Prüfung aus den Gymnasien, dem Stifte eine bestimmte Zahl von Studirenden zugeführt, um hier für den geistlichen Beruf ausgebildet zu werden. Jedoch wird erst nach beendigten philosophischen Studien zu dem eigentlichen Studium der Theologie übergegangen. Einer gewissen Anzahl aus der Promotion wird auch der Uebertritt zum Studium der Philologie und der Naturwissenschaft behufs ihrer Ausbildung für das höhere Lehrfach gestattet. Das Stift ist schon die Pflanzschule vieler ausgezeichneter Köpfe, tüchtiger Männer auf allen Gebieten gewesen, und eine Reihe von bedeutenden Gelehrten im engeren und weiteren Vaterlande verdanken dem Stift die Grundlage zu dem wissenschaftlichen Rufe, den sie heute geniessen. Wir nennen nur Namen wie: A n d r e ä, B r e n z, K e p l e r, O s i a n d e r, H e g e l, S c h e l l i n g, D. F. S t r a u s s, H a u f f, H ö l d e r l i n, K n a p p, G e r o c k. Was die Organisation dieser Anstalt anbetrifft, so steht das Stift unter der Oberaufsicht des Inspektors, welchem ein Ephorat beigegeben ist, — alle aus der Mitte der theol. Fakultäts-Lehrer gewählt.

Hier zu erwähnen sind auch noch als Stiftungsgebäude zur Aufnahme von Studirenden aus allen Fakultäten mit Wohnung und Freitisch:

Das Martinianum

oder der sog. Neue Bau in der Münzgasse, gegenüber der alten Aula, unter der Aufsicht eines Administrators stehend, sowie

Das Hochmannianum

in der Pfleghofstrasse. In demselben finden 6 Studirende,
zunächst Verwandte des Stifters J. Hochmann († 1603),
Prof. der Rechte in Tübingen, dann Bürgers - Söhne aus
Tübingen und Biberach Aufnahme. Administrator ist ein
vom akademischen Senat gewählter und im Stiftungsgebäude
wohnender Professor der philosophischen Fakultät. Unmittelbar neben dem Hochmannschen Stiftungs - Gebäude befindet
sich der

Bebenhäuser Pfleghof,

ein gegen das Ende des 15. Jahrhunderts erbautes Gebäude,
in welchem das frühere Kloster in dem benachbarten Bebenhausen seine Scheunen und Stallungen hatte. Bemerkenswerth ist besonders das kleine frühere Kirchlein in der südwestlichen Ecke mit seinen hohen späthgothischen Spitz-
bogenfenstern, dem schön bemalten Netzgewölbe und seinen
interessanten Bildern. Zur Zeit befinden sich in den gegen
den Hof gelegenen Theilen des Gebäudes die Wohnungen
der Landjäger und in den obersten Gelassen der grosse
Fechtboden der Studenten. Das untere Stockwerk enthält den
akad. Tanzsaal, den Musiksaal und die archäologische Sammlung
der Universität. An der Stelle des jetzigen Cameralamts-
Gebäudes auf dem Schulberg war die Behausung des Abts
von Bebenhausen; man geniesst von hier aus eine herrliche
Fernsicht.

Wenden wir unsere Schritte dem Marktplatze zu, so
wird zunächst unser Blick auf das durch seine Bauart eigenthümliche, altehrwürdige, restaurirte

Rathhaus

sich richten und den mittelalterlichen Eindruck erhöhen, den
wir von seiner ganzen Umgebung bekommen. Das gezimmerte

Haus wurde 1435 errichtet und 1876 nach dem Plane des Prof. Dollinger in Stuttgart renovirt. Die Kuppel des im Zopfstil gebauten Giebels wurde vergoldet und an der · astronomischen Uhr, welche den Stand des Mondes und die Stellung der Sonne in der Ekliptik angibt, grosse Figuren, Tag und Nacht vorstellend, angebracht. Die 3 allegorischen Figuren am unteren Stockwerke stellen die Sinnbilder der Gerechtigkeit, des Segens, der Kunst und Wissenschaft dar. Sonderbar und die Symetrie störend nimmt sich die am untern Stockwerk angebrachte Kanzel aus, die nur wegen ihrer historischen Bedeutung als „Huldigungs-Kanzel" bei der Renovation belassen wurde. Weiter bemerken wir an dem Giebel die Portraits von Männern, die sich um Tübingen sehr verdient gemacht haben: Breuning, Osiander, Dann, Huber, Cotta, Uhland, ferner die Gestalt des Gründers der Universität, Graf Eberhard im Bart, das Wappen der Stadt und das Wappen Württembergs; an der Südostecke den hl. Urban und gegen die Haaggasse sind die Wappen der alten Tübinger Familien Bräuning und Baur. Interessant ist auch die Besichtigung der Glasmalereien an den gegen den Marktplatz hin gelegenen Fenstern des Rathhauses.

Kommen wir auf die Bildungs-Anstalten der Stadt zu sprechen, so sind als solche hier anzuführen:

Das Gymnasium in der Wilhelmsstrasse gelegen, ein ansehnliches, vierstockiges Gebäude (vormals Kanzler Autenrieth'scher Bau). Die Abgangs-Prüfung von der zehnklassigen Anstalt gewährt das Abiturienten-Zeugniss und die Berechtigung zum Studium auf der Universität. Unten im Gebäude befindet sich die Wohnung des Rektors und die des Famulus der Anstalt.

Die Realschule auf dem Schulberg beim Pfleghof, seit 1822 bestehend, war bis zum Jahr 1842 mit dem Lyceum vereinigt. Die Anstalt enthält 8 Klassen. Die Lehrer derselben ertheilen zugleich den Unterricht an der gewerbl. Fortbildungs-Schule.

Die Knaben-Volksschule in den oberen Stockwerken des Kaufhauses in der Kornhausstrasse. Dieses Gebäude, das frühere Bürgerhaus, darf zu den ältesten der Stadt gezählt werden; in seinen oberen Räumen wurden früher die Bürger-Versammlungen abgehalten, im untersten Stockwerke befindet sich die Fruchtschranne.

Die Mädchenschule in der Grabenstrasse, sondert sich in die vom gewöhnlich. Bürger- und Weingärtnerstand besuchten 7 B-Klassen, und in die 7 A-Klassen, welche aus den Kindern der Honoratioren und des besseren Bürgerstandes sich bilden. Die oberen Abtheilungen dieser sog. A-Classe befinden sich in dem chem. Fakultätshaus in der Münzgasse.

Die katholische Volksschule, ebenfalls in der Grabenstrasse gelegen, mit Lehrerwohnung und schönem Garten und Turnplätzchen.

Der Industrie-Saal beim Spital-Gebäude enthält ausser der Kleinkinder-Schule im unteren Stockwerke, eine Strick- und Nähschule für Mädchen; neben diesem Gebäude befindet sich die städtische Frauenarbeits-Schule.

Die Bedeutung Tübingens, seine bevorzugte Stellung unter den Städten unseres engeren Vaterlandes, basirt weniger auf der grossen Industriethätigkeit seiner Bewohner. Wenn auch einige gewerbliche Etablissements hier zu erwähnen wären, so steht doch in dieser Beziehung Tübingen vielen kleineren Städten nach. Es ist zwar nicht zu verkennen, dass der sehr rege betriebene Hopfenbau immer mehr für die Stadt zu grosser Bedeutung wird; was indessen die gewerbliche Thätigkeit der Bewohner, den Wein- und Gartenbau derselben betrifft, so arbeiten diese doch nur für den täglichen Bedarf der Universitätsstadt. Die Bedeutung Tübingens wird ihm beigelegt durch den Sitz der

Universität.

„Zu Gottes Ehre, der ganzen Christenheit zu Trost und Hilfe, auch der Herrschaft Württemberg zu Lob und Nutzen" wurde dieselbe im Jahre 1477 durch Graf Eberhard im Bart gestiftet. Die Feier des 400jährigen Bestehens begieng die Universität mit grosser Festlichkeit; ein ganz neues Gewand wurde bei dieser Gelegenheit der Stadt gegeben. Eine Reihe sehr tüchtiger Männer haben an dem Emporblühen der Universität mitgewirkt, ausgezeichnete Leute sind aus ihr hervorgegangen. Der weitumfassende Freiheitsbrief, mit welchem der hochherzige Stifter sein Institut beschenkte, trug ganz besonders dazu bei, den Ruhm der Universität zu begründen, Leute vom In- und Auslande anzulocken. Unter dem besonderen Schutze des Landesherrn stehend, war die Universität ein bevorrechteter Gesellschaftskörper. Die Angehörigen der Universität waren weder dem Ober- und Untervogt der Stadt, noch dem Schloss-Commandanten untergeordnet. Sie waren zoll- und steuerfrei und hatten ihre eigene Jurisdiction; nur der Rektor sollte einen Studirenden belangen können. Gegen ein geringes Eintrittsgeld hatten dieselben im Kollegienhause, der sog. Bursa (da wo das jetzige Klinikum steht), Wohnung und Speisung. Mit der Einführung der Reformation (1534) änderten sich auch die Verhältnisse der Universität; mit Gewalt führte Herzog Ulrich die Neuerungen durch. Bald zählte

Tübingen zu den berühmtesten Hochschulen evangelischer Gottesgelahrtheit. Dies gab 1536 Veranlassung zur Gründung des evangelischen Seminars, als einer Erziehungsanstalt für künftige Diener der Kirche. Eine ähnliche Anstalt wurde 1592 an Stelle eines Franziskanerklosters zunächst für Söhne des Landadels zur Heranbildung württembergischer Staatsdiener gegründet. Allmählich aber wurden die Pforten dieses sog. Collegium illustre nur dem höchsten Adel des In- und Auslands geöffnet. Unabhängig von Stadt und Universität hatte dasselbe ebenfalls seine eigene Jurisdiction und Verwaltung, seine eigenen Lehrer und als Rektor einen vom Herzog ernannten Oberhofmeister. Viele adelige Ausländer, selbst Fürsten führte dieses Institut in die Mauern Tübingens ein. Die Verluste, welche der 30jährige Krieg auch dieser Anstalt zufügte, machten den Besuch immer seltener.

Besondere Aufmerksamkeit schenkte Herzog Karl Eugen der Universität, was zu ihrer erweiterten Benennung Eberhardina Carolina Veranlassung gab. Wenn auch in der folgenden Zeit die Regierung des Landesherrn (König Friedrich und Wilhelm) sich veranlasst glaubte, an der alten und freien Universitäts-Verfassung zu rütteln und gewisse Privilegien abzuhauen, die sie zum Theil später wieder zu gewähren gezwungen wurde, so kann doch in ihrer jetzigen Organisation unsere Universität, was Rechte und Freiheiten anbetrifft, jeder Hochschule rühmend zur Seite gestellt werden.

Männer von hoher Begabung, sehr tüchtige Kräfte, wirkten seit ihrer Gründung an der Universität. Wir nennen hier nur Männer wie Reuchlin, Gabriel Biel und die beiden Naucleri (Vergenhans), welche die Stiftung derselben angeregt und die ersten Einrichtungen zu der Anstalt getroffen haben. Der erste Kanzler war der Probst von Sindelfingen

Johann Degen und Johann Vergenhans der erste Rektor. Die Heranziehung vieler tüchtiger Gelehrten haben wir der Hochschule zu verdanken. Es kann indessen nicht in unserer Absicht liegen, dieselben alle hier zu nennen. Die ersten Lehrer der Universität Wittenberg: Philipp Melanchton, Wolfgang Rahel, Ambrosius Volland, Hieronymus Schnepf, sie alle haben ihre Ausbildung in Tübingen erhalten und zum Theil auch hier gewirkt. — Die Universität hat zur Zeit 7 Fakultäten: Die evang. theologische Fakultät mit 6 Lehrern, die kathol. theologische Fakultät mit 6, die juristische Fakultät mit 7, die medicinische Fakultät mit 16, die philosophische Fakultät mit 18, die staatswissenschaftliche Fakultät mit 13 Lehrern. Ausserdem sind an der Universität angestellt: 1 Musikdirektor, 1 Fechtmeister, 1 Zeichenlehrer, 1 Stallmeister, 1 Turnlehrer und 1 Tanzlehrer.

Das Universitäts-Gebäude

. (Aula) in den Jahren 1841—45 in einfachem, antikem Stile erbaut, ist und an der Wilhelmsstrasse gelegen, enthält in der Mitte einen schön ausgemalten und geschmückten Saal für akademische Feierlichkeiten, viele Hörsäle, einen Prüfungs-Saal, einen Saal für die Senats-Sitzungen und im untersten Stockwerk die Kanzleizimmer und eine Wohnung für den Oberpedellen. Bemerkenswerth sind namentlich auch die gemalten Portraits der Professoren in den Sitzungssälen, sowie die Köllesche Gemälde-Sammlung, welche wie fast alle Sammlungen Donnerstags für Jedermann geöffnet ist.

Die Aula wurde in der letzten Zeit bedeutend erweitert. Hinter dem Universitätsgebäude befindet sich, umgeben von hübschen Anlagen, das Denkmal Silchers, des berühmten schwäbischen Componisten, welcher Musikdirektor

an der Universität und Dirigent der 'akademischen Liedertafel hier gewesen ist.

Das östlich von ihm gelegene Gebäude enthält das
chemische Laboratorium, einen Hörsaal und die
Wohnung des Professors. Nicht weit davon die Turn-
halle, das Kanzlergebäude und die Reitschule
mit Marstall, diametral gegenüber steht das Gebäude,
welches an den botanischen Garten stossend, den Hörsaal
für Botanik und die Professoren-Wohnung enthält; ihm
gegenüber die Augenheilanstalt. Der parkähnlich
angelegte botanische Garten bietet mit seinen lieblichen
Baumparthien schöne Spazierwege und ist der Eintritt an
gewöhnlichen Wochentagen, nicht nur den Studirenden, sondern Jedermann bis Abends 6 Uhr gestattet. Sehenswerth
ist besonders die Sammlung fremder und tropischer Gewächse
in den Gewächshäusern, sowie das dem Dichter Hölderlin
gewidmete Denkmal in der Mitte des Gartens, einen Genius
darstellend mit dem Lorbeerkranz.

Gegenüber dem städtischen Todtengarten, erwähnenswerth durch die Grabstätten Uhlands, H. Kurz, Hölderlins,
Pfitzers, das Kriegerdenkmal und die Gräber vieler berühmter
Professoren, sind die beiden Universitäts-Kranken-
häuser (medicinische und chirurgische Klinik) gelegen,
welche sich durch eine vortreffliche Einrichtung auszeichnen.
Daneben befindet sich das physiologische Institut.

Das Anatomiegebäude am Fusse des Oesterberg,
enthält ausser den medicinischen Hörsälen eine Sammlung
für menschliche Anatomie, welche der im Hause wohnende
Aufwärter auf Verlangen vorzuzeigen bereit ist.

Die geburtshilflich-gynägologische Klinik
oder das Klinikum (Gebärhaus) in der Bursagasse, ausser

den Hörsälen die Wohnungen für den Professor und den Hausmeister enthaltend. Nicht weit davon entfernt in der Münzgasse steht das frühere Fakultätshaus, das, jetzt eine Mädchenschule, früher Hörsäle für juristische und philosophische Vorlesungen enthielt. Interessant sind die alten Frescozeichnungen an den Wänden des Karzers im unteren Stockwerke, Kunstleistungen eingekarzerter Musensöhne. Dem Fakultätshaus gegenüber befindet sich das technologische Institut mit einer Werkstätte, einer technologischen Sammlung, einem Hörsaal und einer Dienerwohnung. Unweit davon liegt das frühere Universitätshaus, gegenüber der Stiftskirche, das an die Stadtmauer angebaut, 5 Stockwerke hat. Das Gebäude wurde im Jahr 1547 erbaut und im Zopfstil 1777 restaurirt; der Giebel ist oberhalb des von Säulen getragenen Balkons mit dem württembergischen Wappen geschmückt. In der sogenannten „Alten Aula" befindet sich jetzt ein Hörsaal für Zoologie, sowie die zoologische und vergleichend-anatomische Sammlung, welche an jedem Donnerstag Nachmittag von 2—4 Uhr allgemein geöffnet ist.

Das daneben angebaute Gebäude, ebenfalls zu dem alten Universitäts-Gebäude gehörig, enthält einen Hörsaal für Geologie und Mineralogie, sowie eine sehr reichhaltige mineralogische und geognostische Sammlung, welche besonders durch ihren Reichthum an Petrefakten aus dem Jura, sowie durch die Reichenbach'sche Sammlung von Meteorsteinen von Bedeutung ist. Die Sammlung ist täglich geöffnet, mit Ausnahme der Sonn- und Feiertage. Der übrige Theil der alten Aula enthält das Universitäts-Kassenamt und Wohnungen für Professoren.

Die archäologische Sammlung im Pfleghofgebäude haben wir bereits erwähnt. Sie enthält viel Bemerkenswerthes, Abgüsse aus dem Stuttgarter Museum der bildenden Künste, Broncestatuetten, griechische und römische Münzen, 2 egyptische Mumien und sonstige Alterthümer. Die Erlaubniss zum Besuch der Sammlung des physikalischen Cabinets muss bei dem Vorstand des Instituts nachgesucht werden. Sie befindet sich in dem nördlichen Schlossthurme.

Ganz besonders hier nennenswerth ist aber die reichhaltige Universitäts-Bibliothek mit etwa 300,000 gedruckten Bänden, vielen orientalischen, namentlich indischen, äthiopischen und ancharischen Handschriften, welche wohl den Hauptwerth der Bibliothek ausmachen, gegen 60,000 Dissertationen und Flugschriften. Sie ist nächst der Göttinger wohl die grösste der deutschen Universitäts-Bibliotheken. Einen grossen Theil ihres Bücherschatzes kam ihr aus den während der Reformationszeit aufgehobenen Klöstern zu; doch musste sie sich hierin mit der Stuttgarter Bibliothek theilen. Der Eingang in das Lesezimmer befindet sich in der westlichen Ecke des Schlosses.

Gleichfalls bedeutend sind die Bibliotheken des ev. Seminars und des Wilhelmsstiftes.

Eine reichhaltige Bibliothek schliesst auch das in der Wilhelms-Strasse gelegene Museum in sich. Dasselbe ist Eigenthum der Museums-Gesellschaft und enthält ausserdem mehrere Billard- und Lesezimmer und anstossend einen schönen Wirthschaftsgarten. Die Räume des Museums sind der Ort für die literarische und gesellige Unterhaltung der Honoratioren von Tübingen. Tanzbelustigungen, theatralische Vorstellungen und Concerte, wobei in erster Linie der vortrefflichen Leistungen der akademischen Liedertafel, des

Oratorien- und Orchestervereins zu gedenken ist, kommen hier in abwechselnder Reihe zur Aufführung.

Ausser den öffentlichen Gebäuden nennen wir noch folgende Schenswürdigkeiten der Stadt.

Der Uhlandsplatz trägt inmitten seiner prächtigen Anlagen das geschmackvoll ausgeführte, im Jahre 1873 errichtete Denkmal L u d w i g U h l a n d s.

Das G e b u r t s h a u s des Dichters befindet sich in der Neckarhalde (Fuchtmann'sches Haus); das W o h n h a u s, in welchem er 1862 gestorben ist, trägt eine Gedenktafel und ist unmittelbar am Neckarthor gelegen.

In dem Spellenberg'schen Hause in der Neckarstrasse hat einst der Student L u d w i g S a n d, .der Mörder Kotzebue's, gewohnt.

Den H ö l d e r l i n s t h u r m, als die Wohnstätte des ebenso unglücklichen Dichters H ö l d e r l i n, an dem Eberhard'schen Hause der Bursagasse dem Neckar zugekehrt gelegen, haben wir bereits erwähnt. Ganz in der Nähe befindet sich ein Haus (die heutige Bezei) auffallend durch eine eingemauerte Löwengestalt; es ist das einstige Wohngebäude des berühmten Philologen J o h. R e u c h l i n.

Das hohe Haus über dem Haagbrunnen in der Haaggasse soll einst M e l a n c h t h o n s Wohnung enthalten haben (1514—18.)

Auf dem Föhrenberg, hinter dem Gasthof zum König ganz in der Nähe der Stadt, steht das sog. „Schlössle", der frühere Sommer-Aufenthalt des um Tübingen so hochverdienten Professors J o h. O s i a n d e r († 1724).

Das Leben in unserer Stadt lässt in socialer Beziehung kaum etwas zu wünschen übrig. Für die gesellige Unterhaltung finden wir die verschiedensten Anstalten und Einrichtungen.

Die Sonntags-Gesellschaft ist eine Vereinigung von Honoratioren der Stadt.

Für die bürgerlichen Verhältnisse berechnet, existirt eine Lesegesellschaft, das Bürgermuseum genannt.

Ferner besteht, aus dem gewerbtreibenden Theile des Bürgerstandes zusammengesetzt, ein Gewerbe-Verein, sowie verschiedene andere gesellschaftliche Vereinigungen (Frohsinn, Sängerkranz, Liederkranz, Harmonie, Janitscharia, Weingärtner-Liederkranz u. s. w.)

Was die studentischen Verhältnisse anbetrifft, so treffen wir in Tübingen viele, ihrem Princip nach sehr verschiedene akademische Vereinigungen.

1) Burschenschaften:
   a. Germania, gestiftet am 15. Januar 1837. Farbe: Roth-gold-schwarz. Kneiplokal: Café Keller.
   b. Die Reform-Burschenschaft Teutonia, gest. am 7. Juli 1883. Farbe: schwarz-Roth-gold, auf weissem Grunde, mit silb. Percuss. Kneiplokal: Schwanen.

2) Die Corps:
   Borussia, gest. als Verbind. 22. Novbr. 1870, Corps seit 5. Mai 1877. Farbe: Schwarz-weiss-Schwarz, silb. Percuss. Kneiplokal: Café Müller.
   Franconia, gest. 1770, erneut 6. Februar 1821, Farbe: Grün-rosa. Kneiplokal: Café René.
   Rhenania, gest. 10. Juli 1827, reconstituirt 1879. Farbe: Hellblau-weiss-roth, silb. Percuss. Kneiplokal: Bezei.
   Suevia, gest. 11. November 1831. Farbe: schwarz-weiss-Roth, silb. Percuss. Kneiplokal: Café Müller.

3) Die Landsmannschaft:

Ghibellinia, gest. 22. Februar 1845, erneut 22. Febr. 1867. Farbe: schwarz-gold-Grün. Kneiplokal:Hanskarle.

4) Farbentragende Verbindungen:

Guestfalia, kathol. Studenten-Verbindung, gestiftet 14. August 1863. Farbe: Grün-weiss-schwarz, silb. Percuss. Kneiplokal: Schottei.

Hohenstaufia, gestiftet 1. Febr. 1880, conservativ, d. h. schlagend. Farbe: Grün-weiss-roth, silb. Percuss. Kneiplokal: Hanskarle.

Königsgesellschaft, gestiftet 28. Oktober 1838, Tendenz: progressiv, d. h. nicht schlagend. Farbe: schwarz-Roth-gold, gold. Perc. Kneiplokal: Waldhorn.

Normannia, gestiftet 30. Novbr. 1861, progressiv. Farbe: roth-gold-Weiss, gold. Percuss. Kneiplokal: Löwen.

Schottland, gestiftet 19. Novbr. 1849, conservativ, Farbe: Blau-gold-roth, gold. Percuss. Kneiplokal: Waldhorn.

Wingolf, christl. Studentenverbind., gestiftet 8. Juni 1840. Farbe: Weiss-schwarz-gold. Kneiplokal: Hanskarle.

Nichtfarbentragende Verbindungen:

Derendingia, gestiftet 21. April 1877.

Elvacia, gest. 1. November 1881.

Helvetia.

Igel, Gesellschaft, gest. 1. Mai 1871.

Lichtenstein.

Luginsland.

Palatia, Verbindung, gest. 12. Dezbr. 1878.

Rottenburgia.

Saxonia, Verbindung.

Stockdorfia.

Stuttgardia, Verbindung, gest. 30. Novbr. 1869.

Tubingia.

Virtembergia, Verbindung, gest. 29. Juni 1879.

Zollern, Verbindung, gest. 29. Juni 1879.

Alamania, kathol. Studentenverein.

Danubia, Gucifia, Hercynia: kath. Theologenvereine.

Sonstige akademische Vereinigungen sind:
Die akademische Liedertafel, gest. 29. Juli 1829.
Der Oratorien- und Orchester-Verein.

  „ Naturwissenschaftliche Verein.

  „ akad. Pharmaceuten-Verein.

  „ philologisch historische Verein.

  „ Missions-Verein.

  „ Schach-Verein.

  „ Theologische Verein.

  „ Wohlthätigkeits-Verein der Studirenden.

III. Spaziergänge in der Umgebung.
Aussichtspunkte.

Die nächste Umgegend von Tübingen bietet dem Spaziergänger eine grosse Abwechslung der schönsten Ausflüge dar. Ausser dem schon erwähnten botanischen Garten sind es vor allem die prächtigen Alleen auf dem Wöhrd, welche, der Stadt am nächsten gelegen, mit ihren schön angelegten und von herrlichem Laubwerk beschatteten Wegen uns bald so sehr anziehen, dass wir am Tage und bei günstiger Witterung uns immer behaglich fühlen, wenn wir uns unter dem frischen Grün der Bäume ergehen oder niederlassen können.

Auf dem kleinen Wöhrd, zwischen Neckar und Mühlbach, befindet sich die herrliche Platanen-Allee, wo an bestimmten Sommerabenden die Militärkapelle uns durch ihre Klänge erfreut; am oberen Theil der Platanen-Allee ist ein Lustwäldchen angelegt. Nicht minder schöne Spaziergänge bieten uns die Linden- und Obstbaum-Alleen auf dem oberen Wöhrd, sowie, gegen den Bahnhof hin gelegen, die Kastanien-Allee.

Besonders lohnend indessen sind auch die Ausflüge auf die um die Stadt gelegenen Aussichtspunkte. Haben wir den Oesterberg erstiegen, welch' ein reizender Ausblick er-

3

öffnet sich dem Auge auf die herrliche Alb, das Neckar-, Steinlach- und Ammerthal mit seinen fruchtbaren Gefilden, seinen bewaldeten Thalgehängen und seinen zahlreichen, inmitten der üppigsten Vegetation stehenden Dörfern. Das kühn über die Stadt emporragende Schloss, verstärkt durch den Eindruck der reizenden Umgegend — wirklich eines der vollendetsten Landschaftsbilder! Besonders geeignet für eine umfangreiche Fernsicht ist die auf dem Oesterberg gelegene Wielandshöhe; ein Häuschen, das hier gestanden hat, soll einst Wieland bewohnt und er daselbst, von der reizenden Aussicht begeistert, seinen Oberon gedichtet haben. Wenige Schritte von der Wielandshöhe entfernt befindet sich die mitten in Weinbergen und Obstgärten gelegene Sommerwirthschaft zur Sennhütte. Amphitheatralisch sieht man die Stadt mit dem Schloss vor sich liegen und wie ein silbernes Band schlängelt sich der Neckar durch die üppigen Wiesen und fruchtbaren Felder. Wenden wir den Blick in die Ferne, so haben wir auf der einen Seite das herrliche Panorama der schwäbischen Alb, von den Balinger Bergen bis zum Sonnenfelsen bei Urach, auf der anderen Seite das Ammerthal mit den Conturen des Schwarzwaldes vor uns. Aber nicht nur Herz und Auge können sich hier oben auf dem schönsten Aussichtspunkte Tübingens erholen und erlaben, sondern auch für die Bedürfnisse des Magens ist durch vortreffliche Getränke und Speisen stets Sorge getragen.

Vom Oesterberg aus führt ein Feldweg nach dem benachbarten Lustnau hinab.

Weitere herrliche Aussichtspunkte sind auf dem Rücken des Ammerbergs gelegen, auf welchem man von Hohen-Tübingen nach dem Schänzle und weiterhin, vorbei an der

Lichtenberger Höhe zum Spitzberg (s. u.) gelangt. Auf der Lichtenberger Höhe (dem sog. Belvedère) wurde im Jahre 1871 eine Friedenslinde und eine Kaisereiche zum Andenken an jene denkwürdigen Tage gepflanzt. Wie freundlich der Anblick ins Neckar- und Ammerthal, wie herrlich ragt vor uns der imposante Höhenkranz der Alb in allen ihren Reizen, mit ihren zahlreichen Vorbergen und besonders kühn der Hohenzollern in den blauen Himmel hinein! Beinahe gleich grossartig ist die Fernsicht auf dem höchsten Punkte des Galgenbergs, der von Neckar- und Ammerthal eingeschlossenen Höhe in der Nähe des Waldhörnle, sowie von der Waldhäuser Höhe aus, zu welcher wir am besten entweder am Kirchhof vorbei, oder durch das nördlich von der Stadt im Käsenbachthal gelegene Elysium gelangen, einem wegen seiner Abgelegenheit und stillen Einsamkeit von Spaziergängern gerne besuchten Wege, welcher an einer mit prachtvollen Waldbäumen bewachsenen Schlucht und einem Wasserfall vorbeiführt. Auch von dem nordwestlich von der Stadt gegen das Ammerthal hin, Hagelloch und Rosenau zu gelegenen Steinenberg aus hat man eine prächtige Aussicht. Doch kommen wir auf diese Einzelheiten noch weiter unten zu sprechen.

IV. Ausflüge.

Nachdem wir die Stadt und deren nächste Umgebung in ihren Einzelheiten betrachtet haben, wird es uns weiterhin interessiren, an der Hand unseres Führers auch die entferntere Umgebung kennen zu lernen. Die geognostischen Verhältnisse sind es, welche die Beschaffenheit der Bodenoberfläche und die Figuration des Terrains bestimmen; wir haben hier desshalb etwas flüchtig diesen Punkt zu berühren. In Tübingens nächster Nähe, an den Thalgehängen des Neckars, der Ammer, sowie zum grössten Theil an den andern Seitenthälern tritt die charakteristische Gruppe des Koupers zu Tage. Es erstreckt sich diese Formation, auf der Hochebene des Schönbuchs beginnend, zu beiden Seiten des Neckars und des unteren Theiles der Steinlach bis hinein in die Hochebene von Kirchentellinsfurth und Ofterdingen. Sanft gewölbte Hügel und Gehänge, enge, vielfach verzweigte Thäler und Schluchten, gegen die Thalsohlen vorspringende Ecken, durch Auswaschung des Gebirgs entstandene isolirte Berghöhen und Hügelreihen, diese Merkmale sind es, welche neben den leitenden Fossilien die Keuperlandschaften hauptsächlich von denen des darunter liegenden Muschelkalks (Gäu) und denen des Juras unterscheiden. Der Ammerberg, Oesterberg und Wurmlinger Kapellenberg gehören durchaus der Keuperformation an. Dieser Keuperlandschaft fehlt es nicht an Wasser, doch ist dasselbe von sehr verschiedener Güte. Da wo dem Keuper Gyps eingelagert ist, wie z. B. am Ammerberg, von Hirschau bis gegen Tübingen, enthält das Wasser ziemlich viel von diesem Mineral aufgelöst und ist desshalb zum Trinken und Waschen höchst ungeeignet. Die Keuperformation wohl vorherrschend Süsswasserbildung, enthält keine versteinerten Reste von Meerthieren wie der Muschelkalk und Jura, ist aber um so reicher an pflanzlichen Resten, Farrenkräutern und Schachtelhalmen, sowie an Resten riesiger Landeidechsen. Besonders merkwürdig ist das Knochenbett (Bonebed), das den feinkörnigen Silbersandstein begleitet, und bei uns in Waldhausen, sowie im Goldersbachthale bei Bebenhausen und bei Pfrondorf zu Tage tritt. Dem Keuper aufgelagert ist der **schwarze Jura** oder **Lias**, welcher sich hauptsächlich über die Hochebenen des Neckar- und Steinlachthales erstreckt. Aus den Schiefern dieser Formation brechen die Schwefelquellen von Boll, Reutlingen, Sebastiansweiler und Hechingen hervor. Der Gehalt dieser Schiefer an Erdöl ist, so gross, dass früher bei Reutlingen, wo eine Concurrenz mit dem importirten Erdöl noch möglich war, auf Anregung des Prof. Quenstedt das Schieferöl gewonnen wurde. Dieser Oelgehalt lässt auf ein früher reiches Thierleben schliessen, das in dem Liasmeere zur Zeit der Bildung dieser Schiefer sich einst entfaltet haben mag; der zum Schiefer sich umgebildete Meeresschlamm hat uns das Fett der abgelebten Generation aufbewahrt.

Die Vorterrasse der Alb, auf den Markungen von Eningen, Nehren und Gönningen beginnend, gehört der Formation des **braunen Jura** an, welcher dem Lias aufgelagert ist. Besonders deutlich zeigt uns die Erhebung des braunen über den schwarzen Jura der Scheibengipfel unter der Achalm bei Reutlingen. Ueber dem braunen Jura erhebt sich der weisse Jura, die Gesteinsmasse der schwäbischen Alb, welche schroff und kantig, majestätisch über der Hochebene der Vorterrasse sich aufthürmt. Mit starkem Gefälle rauschen die dem Neckar zufliessenden Flüsschen (Echaz und Erms) durch die tiefeingeschnittenen, romantischen Thäler ihrer Mündung entgegen.

Durch ihren Reichthum an versteinerten Resten aus dem Thierleben des Jurameeres ist unsere Alb mit ihren Vorstufen von ganz ausgezeichnetem Interesse für den Geologen und den mit seiner Wissenschaft vertrauten Laien. Die geognostische Sammlung der Universität Tübingen zeigt uns, Dank der eifrigen Bemühungen des Geologen Quenstedt, aus dieser Formation viele versteinerte Reste von Meersauriern, Fischen, Krebsen, Ammoniten, Belemniten, Terebrateln, Stachelhäutern, Pentacriniten, riffebildenden Korallen und Schwämmen.

* * *

Der erste Ausflug, zu welchem wir den Wanderer einladen, gehört zu den schönsten in Tübingens nächster Umgebung; wir meinen den beliebten, über den Rücken des Spitzbergs führenden, $1\frac{1}{2}$ Stunden weiten Spaziergang auf die Wurmlinger Kapelle.

Ganz ausnehmend schön ist die Aussicht, die wir auf diesem, zwischen Weinbergen und Hopfenländern hinziehenden Wege geniessen, äusserst wohlthuend das erfrischende Grün und Aroma des Fichtenwaldes, in dessen Schatten, an der jetzt abgegangenen und ebenfalls durch ihre reizende Aussicht ausgezeichneten Oedenburg (Spitzberg) vorbei, wir bis zur

Wurmlinger Kapelle

gelangen können. Die romantisch auf einem abgesonderten Gebirgsstock gelegene Kapelle, von Uhland, Schwab, Lenau, u. A. so schön besungen, bietet an sich wenig Bemerkenswerthes; als Kirchhofkapelle ist sie ein aus der Umgegend viel besuchter Wallfahrtsort. Der älteste Theil der Kapelle, die gewölbte Halle im Grunde derselben, mag wohl die Gruft des adeligen Geschlechts der Mörhilde von Wurmlingen gewesen sein, welches in Wurmlingen seinen Sitz gehabt, und als Tübinger, nachher Hohenberger Dienstmannen sich berühmt gemacht hat. Die umfassende Aussicht, welche sich dem Auge des Beschauers von diesem Berge aus (364 Mtr. üb. d. M.) eröffnet, kann nicht schöner gedacht werden.

Wer will, kann den Rückweg nach Tübingen über die am Fusse des Berges gelegenen kath. Dörfer Wurmlingen und Hirschau antreten.

Das katholische Pfarrdorf Wurmlingen, ein alter Ort, hatte früher, als der Wohnsitz adeliger Geschlechter, zwei Burgen. An dem Bergabhang finden sich viele Gypsbrüche. Altdeutsche Gräber und Alterthümer, bei Wurmlingen gefunden, lassen auf den früheren Sitz der Alemannen schliessen. Das Grab eines alemannischen Häuptlings enthielt ausser einem schweren, goldenen Ring, einen perlartigen Kranz, dem eine Münze mit dem Datum 464 v. Chr. eingelöthet war. Eine andere dort gefundene Münze trägt am Schlusse der Inschrift sogar die Jahreszahl 582 v. Chr.

Von Wurmlingen aus führt durch Wiesen und Felder ein Fussweg nach Rottenburg.

Mehr zu empfehlen indessen ist der Rückweg von der

Kapelle nach Tübingen über den Ammerhof und Schwärzloch, am Fusse des bewaldeten Ammerbergs.

Der Ammerhof,

früher zum Kloster Marchthal dann (1803) dem Fürsten
Taxis gehörig, kam 1806 unter württembergische Oberhoheit
und aus Privathänden 1852 an die Kgl. Hofdomänenkammer.
Der Hofraum des von einer Mauer umgebenen Oekonomie-
gebäudes umschliesst einen durch ein merkwürdiges Druck-
werk vom Ammerthal herauf gespeisten Brunnen, sowie eine
im Rococcostil gebaute Klosterkirche. Das Innere dieser
Kirche, jetzt als Scheune benützt, zeigt uns an der Decke in
einem Freskogemälde die Kreuzigung des hl. Andreas. Vom
Ammerhof aus gelangen wir nach dem unweit davon entfernten

Schwärzloch.

Dieser jetzige Oekonomiehof ist auch von Tübingen auf
dem über den Kamm des Ammerbergs hinführenden Weg
direkt erreichbar. Eine schöne Aussicht auf das ganze
Ammerthal mit seinen Dörfern, auf den Ammerhof, sowie
ostwärts auf die Stadt Tübingen bietet sich von hier aus
dem Wanderer von schattigem Ruheplatz, neben guten Erfrischungen; doch ist die Wirthschaft nur Sommers geöffnet.
Der Ort war Urkunden zu Folge Eigenthum der Tübinger
Pfalzgrafen, später des Klosters Blaubeuren. Vielleicht aber
ist zur Zeit der christlichen Mission an Stelle eines heidnischen Kultusorts eine christliche Kapelle errichtet worden.
Der Name (Swertis-loch) deutet auf die Bedeutung: Wald
des Schwerts und somit auf eine Kultusstätte des altdeutschen Kriegsgottes (s. ob.) Das Hauptgebäude ist ursprünglich eine Kirche, wie am deutlichsten die gegen Osten gelegene Chorabside zeigt. Das Ganze ist in romanischem

Stil gebaut. Den Charakter dieses Stils tragen auch die
räthselhaften Bilder, welche unter dem Bogenfries der östlichen Wand in Stein gehauen sind. Sehenswerth ist auch
der Innenraum der Apsis mit ihrem romanischen Gewölbe.
Im Hauptgebäude sind unter der aufgetragenen Tünche alte
Freskogemälde verdeckt. Von Schwärzloch aus kann man in einer halben Stunde
nach Tübingen zurückgelangen.

$$*\quad*\quad*$$

Der Besuch des historisch merkwürdigen und für die
Geschichte von Tübingen bedeutenden **Bebenhausens**
bietet wohl am meisten Interesse. Um dorthin zu gelangen
schlagen wir mit Vortheil den Fusssteig über Waldhausen
ein. Eine ausgezeichnete Aussicht, bei heiterem Himmel
beinahe grossartig, geniessen wir von der **Eberhards-
höhe** und **Waldhäuserhöhe** aus auf das schöne
Neckarthal mit seinen ebenso reizenden Seitenthälern, auf
die ausgedehnte, den südlichen Horizont begrenzende Alb
vom Lochen bis zur Limburg, sowie auf die bewaldeten
und fruchtbaren Hochebenen in Tübingens nächster Umgebung. Ueber das freundliche Lustnau hinweg grüsst die
Achalm und das an ihrem Fusse liegende Reutlingen zu
uns herüber; der Gönninger Rossberg, die Salmendinger
Kapelle, der kühn in den blauen Aether hineinragende
Hohenzollern, die Wurmlinger Kapelle; bei hellem Wetter
erstreckt sich die Fernsicht bis zu den weissen Gipfeln der
Schweizerberge. Haben wir die Hochebene erstiegen so
kommen wir nach **Waldhausen**. Die Einwohnerschaft
dieses aus wenigen Familien zusammengesetzten Gehöftes
ist sehr begütert. In $\frac{1}{4}$ Stunde gelangen wir auf einem

sehr hübschen Waldwege an unser Ziel. Ein anderer, ebenfalls sehr hübscher Weg nach Bebenhausen ist die Post-
strasse von Tübingen über Lustnau. Lustnau ist ein
äusserst freundlich am Neckar gelegenes Dorf (da wo der Gol-
dersbach und die Ammer in denselben einmünden) und
ein sehr beliebter Ausflugsort für die Tübinger Familien
und Studenten. Empfehlenswerth sind besonders die Gasthäuser zum Adler und Ochsen, ausgezeichnet durch ihre
schönen Wirthschaftsgärten und das vortreffliche Lustnauer
Bier. Beim Einfluss des Goldersbaches in die Ammer am
südwestlichen Ende des Dorfes hat das feste Schloss der
Ritter von Lustnow, eines alt-adeligen Geschlechts und Lehensleute der Pfalzgrafen von Tübingen, sich befunden.

An der Strasse von Lustnau nach Bebenhausen, am
Eingang in das Goldersbachthal gelegen, steht der alte
Klosterhof. Innerhalb der ruinenhaften, mit Befestigungs-
thürmen versehenen Ringmauer steht die „Sophienpflege"'
eine Erziehungsanstalt für verwaiste Kinder; über dem Ein-
gangsthor ist das Wappen von Bebenhausen angebracht.
Weiter bemerkenswerth ist die schön gelegene Kirche.

In einer halben Stunde gelangen wir nach Bebenhausen. Dieses frühere Kloster wurde um das Jahr 1180
von Pfalzgraf Hugo von Tübingen gestiftet und 1183—90
vollendet. Anfangs Prämonstratenserkloster wurde 1190 dasselbe schon mit Cisterziensern besetzt, deren erster Abt
Diepold die Reichsunmittelbarkeit des Klosters erwirkte. Der
Sage nach soll an Stelle des Klosters eine dem hl. Bebo
geweihte Kapelle gestanden haben. Von Kaisern, Fürsten,
Grafen und Privaten sehr bedeutend begünstigt und beschützt,
gelangte das Kloster, dem schon der Stifter grosse Güter
und Einkünfte im Uebermasse zuwandte, zu immer grösserem

Besitz und Ansehen. Durch alle Wandlungen, Geschicke und Stürme der Zeitereignisse und Verhältnisse hindurch suchte und wusste es seine Reichsunmittelbarkeit zu behaupten und zu wahren, bis es nach dem 30jährigen Kriege durch den westphälischen Friedensschluss (1648) dem Herzogthum Württemberg zugetheilt wurde. Da zur Zeit der Reformation das Kloster gerade ohne Abt war, so war es der Sequestration ein Leichtes, die widerspenstigen Mönche auszutreiben. — Mit dem Jahr 1560 eröffnete Bidembach die Reihe evangelischer Aebte und so wurde Bebenhausen in eine Klosterschule umgewandelt, in welcher stets 25—30 der Theologie gewidmete Jünglinge unterrichtet werden sollten. Im Jahre 1807 wurde die Vereinigung dieser Vorschule für das Tübinger Seminar mit dem „niederen Seminar" angeordnet und das Kloster Bebenhausen von König Friedrich in ein Jagdschloss umgewandelt. Ein anderes Leben zog jetzt in das stille Thälchen ein. Grossartige Jagdfeste, wenig beim Volke aber um so mehr bei Hofe beliebt, wurden wiederholt mit grossem Glanze gefeiert, wobei mit Hundeführern, Treibern und Wachen, die dazu kommandirt wurden, der wilden Jagdlust gefrohnt werden musste. Besonders grossartig soll der Verlauf des Dianenfestes am 9. Novbr. 1812 gewesen sein. Der jetzt regierende Fürst, Seine Majestät der König Karl, nimmt zeitweilig hier Aufenthalt, um mit seinem Gefolge in den herrlichen Schönbuchwaldungen sich dem Jagdsport hinzugeben. Er hat seinen Lieblingsaufenthaltsort mit viel Geschmack und Kunstsinn eingerichtet und interessante Sammlungen in Waffen, Jagdgeräthen, altdeutschen Möbeln und sonstigen Kunstwerken dort angelegt.

Es wird sich lohnen, die Gemächer unter Führung des Castellans näher zu besichtigen. Im Uebrigen verweisen

wir auf die Monographie von Fröhlich „Das Kloster Bebenhausen nach seiner Vergangenheit und Gegenwart."
Unter den Kloster-Gebäuden zeichnet sich als eines
der schönsten Werke historischer Baukunst die an Stelle
einer ehemaligen Bebo-Kapelle von Pfalzgraf Rudolf (1190)
erbaute und 1228 vollendete Kirche aus. Die Klosterkirche
wurde besonders von Abt Conrad von Lustnau verschönert.
1335 gab er ihr die grosse gothische Fensterrose mit ihren hübschen Glasmalereien, unter welcher wir die Wappen von Württemberg, Mömpelgard, Bebenhausen und Tübingen bemerken.
Als ein Monument aus der schönsten Gothik fällt uns
ganz besonders der kunstvoll durchbrochene, pyramidal gebaute Thurm der Kirche in die Augen, welchen in den
Jahren 1407/9 Abt Peter durch den Laienbruder Georg
von Salmansweiler aufrichten liess. Sehr interessant ist auch
die aus dem 16. Jahrhundert stammende Kanzel, an der
das Bild des Pfalzgrafen Rudolf angebracht ist.
Bemerkenswerth durch ihre geschmackvolle gothische
Formen sind ferner der Kreuzgang mit den Begräbnissen
der Mönche und die äusserst schöne Ornamentik, aus dem
Ende des 15. Jahrhunderts stammend.
Die Refektorien, das rein gothische Thorgewölbe, sowie das sog. Geisselgewölbe — wohl zugleich auch Be-
gräbnissplatz der Aebte des Klosters — mit ihren hübschen
Gemälden zeugen für die geschmackvolle Richtung jener
Zeit und den einstigen Reichthum des Klosters. Noch ist
bemerkenswerth das schöne Denkmal, das unser König seinem
erlauchten Ahnherrn Graf Eberhard im Bart errichten liess.
Dank der Munifizenz Sr. Maj. des Königs Karl wurde
in jüngster Zeit viel Mühe auf die kunstsinnige Renovation

des Klosters und seiner prächtigen Gartenanlagen verwendet. Bebenhausen ist zur Zeit Sitz eines Oberforstamtes.

Von Bebenhausen aus gelangen wir einerseits auf der Landstrasse über den Schaichhof und Holzgerlingen in ca. 3 Stunden nach der Oberamtsstadt Böblingen; andererseits auf der über Dettenhausen, Waldenbuch und Echterdingen führenden Strasse nach Stuttgart (34 Kilom.)

Als einer der höchsten Punkte des Schönbuchs und durch die Aussicht merkwürdig, welche man von dem auf 2 Eichen errichteten Gerüste aus geniesst, ist der vom Schaichhof aus in $3/_4$ Stunden erreichbare, im obern Goldersbachthal an dessen Abfall gelegene Bromberg.

Dettenhausen, 2 Stunden von Tübingen entfernt, mitten im Schönbuch an der Schaich, in angenehmer Abgeschiedenheit gelegen, bietet ausser seinen Keupersandsteinbrüchen wenig Bemerkenswerthes, wie auch das nächst ober ihm im Schaichthal gelegene Weil im Schönbuch, woselbst sich der Sitz eines Revieramtes befindet. Ein bedeutend näherer Weg von Tübingen nach Dettenhausen ist die bei Lustnau abzweigende, und an Pfrondorf vorbeiführende, sog. alte Strasse.

In 1 Stunde gelangt man von Dettenhausen aus auf einem sehr hübschen Waldwege nach Waldenbuch, einem kleinen Städtchen an der in den Neckar fliessenden Aich, mit einem alten, hoch die Stadt überragenden Schloss. Waldenbuch ist Sitz eines Revierförsters und Amtsnotars. Empfehlenswerth ist besonders das Gasthaus zur Krone, merkwürdig durch die beiden Stammtische im Herrenstübchen, in welchen die Namen vieler, zum Theil berühmt gewordener Musensöhne eingegraben sind.

Nachdem wir die schönen Waldungen des Schönbuchs

mit ihren freundlichen, einsam gelegenen Ortschaften besucht
haben, lenken wir unsere Schritte wieder nach Dettenhausen,
um auf der alten Strasse an Pfrondorf vorbei, über Lustnau
nach Tübingen zurückzugelangen, welcher Weg in ca. drei
Stunden passirt werden kann. Indessen besteht auch eine
Postverbindung zwischen Tübingen und Weil im Schönbuch
einerseits, im Anschluss an die Route Waldenbuch und
Stuttgart andererseits.

Wir haben auf unserer vorigen Tour das Dorf Pfrondorf erwähnt, welches auch direkt in ca. $^3/_4$ Stunden von
Tübingen aus erreichbar ist. Der Sage nach soll an hie-
siger Stelle eine Stadt oder Burg gestanden haben; die von
Lustnau über Pfrondorf nach Walddorf führenden Römer-
strassen, sowie hier gefundene römische Alterthümer weisen
auf eine frühere römische Niederlassung hin. Ausser der
prachtvollen Aussicht ins Neckarthal, sowie auf die Alb
bietet der freundlich gelegene, saubere Ort nichts was hier
zu erwähnen wäre.

Ueber das Tiefenbachthal hinweg kommen wir von hier
aus in $^1/_2$ Stunde nach dem schön gelegenen, historisch
merkwürdigen Kgl. Domänengut Einsiedel. Eine ausgezeichnete Fernsicht nach allen Gauen hin, über die schwäbische Alb bis zu den Vogesen bietet sich von diesem,
auf der Hochebene des Schönbuchs 418 Mtr. ü. d. M. liegenden Punkte aus. Die Freunde der Landwirthschaft werden
besonders das Musterverfahren dieser Kgl. Hofdomäne, ihre
schönen Felder, das wohlgepflegte schöne Vieh in den Stallungen bewundern. Das von Eberhard im Bart i. J. 1482
hier erbaute Jagdschloss war der Lieblingssitz des Grafen,
der es oft auf längere Zeit von Urach oder Tübingen aus
besuchte, und wo er nach seinem Tod (23. Febr. 1496) ohne

alles Gepränge sich auch beisetzen liess. Als im Jahre 1498 Kaiser Maximilian bei seiner Reise durch Württemberg auch das Grab Eberhards auf dem Einsiedel besuchte, sprach er die denkwürdigen Worte: „Hier liegt ein Fürst, weise und tugendhaft wie keiner im römischen Reiche; sein Rath hat mir oft genützt." Nachdem das von Eberhard hier gegründete Bruderstift St. Peter, welches durch Frömmigkeit und Bildung sich von den damaligen Klöstern auszeichnen sollte, zur Reformationszeit von Herzog Ulrich aufgehoben worden war, wurde die Leiche Eberhards in die Stiftskirche zu Tübingen verbracht. Im Jahre 1580 ging das leer gebliebene Kloster in Flammen auf und seine Steine kamen beim Bau des Collegium illustre in Tübingen zur Verwendung. Bekanntlich hat Eberhard von seiner Pilgerfahrt aus Palästina als Andenken einen Weissdorn mitgebracht und hier auf dem Einsiedel eigenhändig gepflanzt. Das Reis soll zum riesenhaften Baum angewachsen, der jetzt dort befindliche Weissdorn aber nur ein Sprössling von diesem 1619 durch den Brand zerstörten ersten Colosse sein.

Eine steile Steige führt von Einsiedel hinab ins Neckarthal nach Kirchentellinsfurth. Der Name des Dorfes ist eine Verschmelzung zweier Lokalnamen, nämlich der miteinander vereinigten Orte Kirchheim und Tellinsfurth. Kirchentellinsfurth ist ein beliebter, von Tübingen aus fleissig besuchter Ausflugsort, und kann entweder per Bahn oder auf dem Wege über Lustnau von Tübingen aus erreicht werden. Ungefähr $\frac{1}{2}$ Stunde von hier entfernt liegt das Dorf, Kusterdingen, besonders merkwürdig durch seine sehr sehenswerthe, gothische Kirche. Der schön bemalte Chor enthält 2 merkwürdige alte Taufbecken, von denen das eine mit einem Römerkopf und einer römischen Inschrift, das andere mit dem Bilde des hl. Georg versehen ist. Die geschnitzte, vertäfelte Holzdecke des Schiffes der Kirche ist ebenfalls sehr schön mit Malereien verziert.

Der Weg von Kusterdingen nach Tübingen kann entweder direkt oder über Jettenburg zurückgelegt werden.

* * *

Ein ebenfalls lohnender, vielversprechender Ausflug von Tübingen aus ist die Tour nach Rottenburg und Niedernau. Wir benützen entweder den näheren Weg über das uns schon bekannte Hirschau, von wo aus wir auf einem Fussweg in $1/2$ Stunde nach Rottenburg kommen, oder wir bleiben auf der Landstrasse, die uns von Tübingen aus an Weilheim vorbei über die Dörfer Kilchberg, Bühl und Kiebingen und in $1^3/_4$ Std. nach Rottenburg führt. Das freundlich mit Obstbäumen umrahmte Dorf **Weilheim** bietet an sich wenig Interesse. Eine schöne Obstbaumallee führt von Weilheim aus nach dem benachbarten Derendingen. Zur Gemeinde gehören, ausser den Rittergütern Eck und Cresbach auch das an der Strasse nach Rottenburg gelegene, $1/2$ Std. von Tübingen entfernte, sogenannte **Weilheimer Kneiple**, ein von den Tübinger Studenten ziemlich viel besuchtes, und ganz besonders desshalb merkwürdiges Wirthshaus, weil hier im Jahre 1816 die alte Tübinger Burschenschaft gestiftet wurde, aus welcher die jetzige „Germania" im Jahre 1837 sich in erneuter Form herausgebildet hat. Das nächste Dorf, das wir auf unserer Route passiren, **Kilchberg**, ist nicht ohne Merkwürdigkeit. Sein einfaches, gothisches Kirchlein hat die Gestalt eines griechischen Kreuzes, dessen unteres Thurmgeschoss als die Grabkapelle, zunächst des früher hier begüterten, ritterlichen Geschlechts von Ehingen, Lehensleute der Grafen von Hohenberg und späterhin derer v. Closen und v. Tessin, viele Grabstätten und Denkmäler enthält. Merkwürdig sind auch die 3 Holzfiguren an der nördlichen Wand des Chors. Ursprünglich gehörte das Kirchlein zu dem hier früher sich befindenden, im 16. Jahrhundert aufgehobenen Nonnenkloster des Prediger-Ordens. Als Restmauern dieses Klosters sind wohl die am Schulhaus sich befindenden Wände anzusehen.

Das von einem parkartigen Garten umgebene Schloss ist ein vierstockiges, altes Gebäude, welches mit 4 Thürmen versehen ist, von den Herren von Ehingen erbaut und im vorigen Jahrhundert durch Karl Magnus v. Leutrum gekauft und renovirt worden ist. Von der Plattform des Thurmes aus geniesst man eine sehr schöne Aussicht auf das Neckar-thal. Besonders merkwürdig aber ist die Schlosskapelle mit schönen Fresko- und sonstigen Gemälden, sowie den Bild-nissen der Fürsten, welche auf seinen ausgedehnten Reisen der berühmte und edelste Sprosse seines Stammes, Georg von Ehingen (1428—1508) besucht. hat: Karl VII. von Frankreich, Heinrich IV. von Castilien, Johann von Navarra, Alphons von Portugal, Heinrich IV. von England, Jakob II. von Schottland. Georg von Ehingen ist der Stifter der Kapelle; von ihm sprechen die meisten Denkmäler des Schlosses. An der Strasse nach Rottenburg gelegen und mit dem alten Schloss durch eine Baumallee verbunden, ist das in modernem Geschmack erbaute und eingerichtete neue Schloss.

Nach dem Verblühen des Geschlechts derer von Ehingen kam Schloss und Gut an die von Closen, nach ihnen an die von Leutrum und später durch Heirath an Johann Ferdinand von Tessin, dessen Familie jetzt noch im Besitze davon ist.

Von Kilchberg aus gelangen wir zu dem unweit davon
gelegenen Dörfchen Bühl, dessen Schloss früher ebenfalls
Eigenthum des Rittergeschlechts von Ehingen war, jetzt aber
zu einem Wirthschaftslokal umgestaltet worden ist. Der Ort
wird von der Tübinger Studentenschaft gerne besucht, und treibt
in sehr ausgedehntem Umfange Hopfenbau, wie auch das
Dorf Kiebingen, das uns nichts bemerkenswerthes bietet.
Mehr zieht uns' die vor unseren Augen stehende Weilerburg an. Wenn wir von der Strasse abzweigen, so kommen
wir in $^{1}/_{4}$ Stunde zunächst zu dem nach Rottenburg gehörigen
Schadenweiler Hof, das einem Castell vergleichbar,
mit seinen runden Eckthürmchen so freundlich ins Neckarthal hinuntergrüsst. Von der Altane aus geniesst man eine
reizende Aussicht auf das Neckar- und Ammerthal, den
untern Theil der Alb und gegen Herrenberg hin nach dem
Gäu, bis in den Schwarzwald. In früherer Zeit ein adeliges
Gut, kam Schadenweiler später in den Besitz des Spitals
von Rottenburg, dem es jetzt noch angehört.

Schicken wir uns an, die Weilerburg zu ersteigen, welche
ihren Namen von dem an ihrem Fusse liegenden Dorfe
Weiler hat, so werden wir durch die ausgezeichnete Fernsicht, die man von ihr aus geniesst, für unsere Mühe
reichlich belohnt. Einerseits liegt vor uns das schöne Neckarthal mit seinen vielen Ortschaften, anderseits die Wurmlinger Kapelle, das Gäu und der Schwarzwald. Wahrhaft
grossartig ist von hier aus der Blick auf die schwäb. Alb
mit ihren Bergkuppen: Oberhohenberg, Plettenberg, Lochen,
Hohenzollern, Farrenberg, Achalm, Neuffen, Teck und im
fernen Hintergrund der Hohenstauffen. Die Weilerburg, auch
Alt-Rottenburg genannt, war früher Sitz der Neckar-
gaugrafen, von denen besonders Albert I. von Rotinbure,

als der erste aus der Hohenberg-Rottenburger Linie, und als Schwager des grossen Habsburgers, zu Ansehen und Macht gekommen ist. Aber schon in der 2. Hälfte des 14. Jahrhunderts erlosch dieses Geschlecht und — die Burg, in deren Mauern Kaiser Rudolf von Habsburg um die jugendliche Gertrud von Hohenberg geworben hat, gieng ihrem Verfall entgegen. — Die Trümmer benutzte man 1620 zum Aufbau des Kapuzinerklosters in Rottenburg.

Jetzt steht auf der 543 Mtr. hoch über dem Meere gelegenen Weilerburg das Sieges- und Minnesänger-Denkmal mit Alterthümerhalle, hohem, besteigbarem Wartthurm und Tubus mit Orientirungsplatte.

Haben wir uns auf dem Wartthurm der Weilerburg genügend umgesehen, so lenken wir unsere Schritte dem vor uns liegenden Rottenburg zu.

Rottenburg

ist Oberamtsstadt und Sitz des röm.-kath. Landesbischofs, sowie des Domkapitels, das aus dem Generalvikar und dem Domdekan, 5 Domkapitularen und 4 Domkaplanen besteht. Ebenso befindet sich hier das Priesterseminar, sowie das Kreisgefängniss für den Schwarzwaldkreis. Mit seiner Vorstadt Ehingen zählt die hübsche und gewerbreiche, am Neckar gelegene Stadt zur Zeit 7100 Einwohner. Ihren Namen hat sie unzweifelhaft von der alten Burg Rottenburg, jetzt Weilerburg genannt; 1216 von Graf Burckhard von Hohenberg durch die Erbauung einer neuen Burg begründet, wurde Rottenburg durch Graf Albrecht von Hohenberg 1280 zur Stadt erhoben und zugleich die Haupt- und Residenzstadt der Grafschaft Hohenberg; späterhin nach dem Erlöschen dieses erlauchten Geschlechts kam die Grafschaft an das

4*

Haus Oesterreich und die Erzherzoge hatten längere Zeit ihren Sitz in dieser schwäbischen Stadt.

Da wo jetzt Rottenburg steht war früher der Ort der Hauptstadt des römischen Zehentlandes, der grossen Römer-Colonie Sumlocenne. Die Ausgrabungen des Domdekans von Jaumann haben ergeben, dass die Stadt ringsum auf den Bergen mit Kastellen, Thürmen und Mauern geschützt war; so z. B. hat an der Stelle der auf einer steilen Felswand zwischen Rottenburg und Niedernau gelegenen, sog. Altstadt, sowie der Altstadt gegenüber bei der sog. Kalkweil-Kapelle auf der Höhe des linken Neckarufers, den angegebenen Grundmauern und dabei gefundenen Gegenständen nach zu schliessen, ein römisches Castell gestanden. Ausgegrabene Inschriften beweisen uns, dass in der römischen Colonie eine Priestergenossenschaft und eine Kaufmannszunft, sowie verschiedene andere Einrichtungen bestanden, dass Gewerbe und Handel geblüht haben, die 22. Legion hier lange in Besatzung lag und Veterane aus derselben, welche sich hier ansässig machten, einen kleinen Tempel dem Osiris und der Isis errichteten, von welchem viele Ueberreste, besonders Steine mit Abbildungen von Sonne und Mond, von Stier- und Widderköpfen bei den Ausgrabungen zu Tage gefördert wurden. Auch hatte Sumlocenna ein Theater, mehrere Tempel, Hallen und Säulengänge. Das nöthige Wasser wurde der Colonie von Obernau her durch eine 3 Stunden lange Wasserleitung zugeführt. Es ist desshalb sehr wahrscheinlich, wie die Naturforscher annehmen zu müssen glauben, dass der Neckar sich damals noch nicht Bahn durch seine Felsenschlucht gebrochen hatte und zwischen Obernau und Niedernau einen grossen See bildete. Wirklich soll auch die fränkische Stadt Landsfurt,

damals an der Stelle des heutigen Rottenburg, bei dieser
Katastrophe des Durchbruchs mit fortgerissen worden sein.
Wer Sumlocenna zerstört, ob die Alemannen oder die
Hunnen, wissen wir nicht. Das Oertchen Sülchen, an das
nur noch die Silchenkapelle erinnert, hat dem Sülichgau
seinen Namen gegeben. Die Ritter von Ehingen, welche auf
ihrer Burg bei Niedernau — dem heute noch in ihren Ruinen
erkennbaren Schlossberg — ihren Sitz hatten, begünstigten
das Anwachsen der Stadt auf dem rechten Neckarufer, wess-
halb nach ihnen dieser Theil den Namen Ehingen erhielt.
Dass die Stadt zur Zeit des 30jährigen Kriegs viel zu
dulden, durch Feuersbrünste in den Jahren 1644, 1735,
1786 einen enormen Schaden erlitt, dass in den Franzosenkriegen 1744—48 ebenfalls viel Unheil über Rottenburg
hereinbrach, dies alles sei hier nur erwähnt. Unter dem
Schutze Oesterreichs stehend war hier 1792—93 ein Haupt-
sitz der französischen Emigranten. Seit 1806 gehört Rottenburg mit der Grafschaft Ober- und Niederhohenberg zu
Württemberg.

Ganz besonders sehenswerth durch ihre Bauart und ihre
prachtvolle Glasmalereien und Bildwerke ist die 1657 gebaute
Dom- und Stadtpfarrkirche zu St. Martin mit dem
schönen vor ihr stehenden, im gothischen Stile gehaltenen
Brunnen. Ebenso die am Neckar stehende Stadtpfarrkirche zum hl. Moritz in Ehingen, deren Grund schon
1209 durch Graf Burckhard von Hohenberg gelegt, und
welche durch Graf Rudolf von Hohenberg erweitert und zugleich in ein Chorherrnstift umgewandelt wurde. In derselben befinden sich auch die Gräber der gräflichen Familie
von Hohenberg. Hier zu erwähnen ist auch die alte Sül-
chenkapelle inmitten des Friedhofs der Stadt. Sie wurde

1118 erbaut und dem hl. Johannes geweiht. Ferner die Kapelle auf der oberen Klause zum hl. Remigius, 1024 erbaut und auf dem Ehinger Gottesacker stehend.

Weitere Kapellen sind: die Kapelle auf der Altstadt mit St. Moritz vereinigt, die Kalkweilerkapelle zu St. Georg, die Weggenthalkapelle, ein über einem Marienbildstock 1517 erbautes, 1682 aber durch eine grössere und stilvollere Kirche ersetztes Wallfahrtsgebethaus. Das früher öfters von Bösewichten entwendete Marienbild soll immer von selbst wieder zu dem Bildstock zurückgekehrt sein.

Das bischöfliche Palais, ein ansehnliches Gebäude, ist in dem alten Jesuitenkloster eingerichtet. Vor demselben befindet sich, auf einem Brunnen stehend, die eigenthümliche Statue eines Hohenberger Grafen. Das chemalige Karmeliterkloster, mit der Kirche, dient jetzt als Priester-Seminar, sowie zu Wohnungen für die Domkapitulare und Domkaplane.

In dem einstigen Kapuzinerkloster in Ehingen ist jetzt eine Bierbrauerei eingerichtet, wie auch in der ausserhalb der Stadt Ehingen auf einer Anhöhe schön gelegenen oberen Klause; in derselben hat sich 1339 eine Beguinengesellschaft gebildet, aus der dann ein Kloster von Franziskanerinnen hervorging, das 1782 unter Kaiser Joseph aufgehoben wurde.

In dem im Jahre 1867 errichteten Martinshaus werden durch freiwillige Beiträge Knaben für den geistlichen Beruf herangezogen.

Auf der Stelle des 1644 abgebrannten, alten Rathhauses wurde 1672 das jetzige, schöne Rathhausgebäude errichtet.

Besonders sehenswerth indessen ist das **alte Schloss**
(jetzt Kreisgefängniss). Dasselbe, von Graf Burckhardt 1609
gebaut, hat eine sehr schöne Lage, mit reizender Aussicht
auf die Umgegend. Im Gegensatz zu Alt-Rottenburg, hatte
dieses Schloss die Benennung Burg in der Stadt. Hier ver-
mählte sich Kaiser Rudolf mit der kaum 16jährigen, lieblichen Jungfrau Gertrud von Hohenberg, als Kaiserin „Anna"
genannt. Oft kehrte der Kaiser hier als Gast bei seinem
Schwager ein und manche epochemachende Verfügung wurde
von hier aus erlassen. In der That ein ehrwürdiges Denkmal, an welches viele dankbare Erinnerungen für uns Deutsche
sich knüpfen. —

Nachdem wir so die ehrwürdige Stadt Rottenburg mit
ihrer nächsten Umgebung an der Hand unseres Führers
flüchtig kennen gelernt haben, müssen wir dazu einladen, demselben noch etwas weiter zu folgen, nachdem wir
uns vorher durch Speise und Trank gestärkt haben, zu
welchem Zwecke wir die Gasthäuser z. Bären, z. Kaiser,
z. Ochsen, z. Dreikönig, z. Ritter, z. Waldhorn, z. deutschen
Haus, z. Hopfenhalle, z. Prinz Carl, z. Carmeliterbräu oder
die am Bahnhof gelegene Bahnhof-Restauration bestens
empfehlen können.

Wir führen den Wanderer längs des Neckars, vorbei
an grottesken Felswänden, vorbei an der **Altstadt** durch
frisches, schattiges Waldesgrün nach dem in friedlicher Einsamkeit gelegenen Badeorte Niedernau. Wie wohlthuend
das anmuthige Immergrün der Tannenwaldungen an den
Thalabhängen des Katzenbachs, an welchem das freundliche
Dorf sich befindet. Schon in den ältesten Zeiten glaubte
man an die äussere und innere Heilkraft des Eisen- und
Bittersalz haltigen Säuerlings, das durch seine vortreffliche

Einrichtung, seine reizend angelegten Gärten und Spazierwege zu einem gut besuchten Badeorte geworden ist. An
den Sonntagen und Donnerstags wird die Eintönigkeit des
Badelebens angenehm unterbrochen durch von den Tübinger
Corpsstudenten veranstaltete Tanzunterhaltungen.
Links vom Badgebäude befinden sich die Ruinen der
Stammburg derer von Ehingen. Im Hintergrunde
des anmuthigen Katzenbachthales, den sog. Siebenthälern,
hat man ein Römerbad entdeckt, das Bildniss eines Apolls,
sowie aus der Kaiserzeit stammende, römische Münzen —
ein Beweis, dass auch die Römer schon den Werth des
lieblichen Thales erkannten. Auch näher bei dem Pfarrdorfe
befindet sich eine Badeanstalt, die sogenannte Karls-
quelle.

Wir haben einige gemüthliche Stunden im Badhotel
des Herrn Raith verlebt und in Niedernaus schöner Umgegend uns etwas umgesehen; wir denken daran, mit angenehmen Erinnerungen erfüllt, das freundliche Thal zu verlassen, um, wenn die Umstände es uns erlauben, dasselbe
noch recht oft zu besuchen.

Wir können uns entschliessen, entweder mit der Bahn
nach Tübingen über die Stationen Rottenburg und Kilchberg
zurückzureisen, oder von Niedernau aus an Obernau vorbei
nach Bieringen zu fahren. Ein reizender Waldweg führt
uns von dem benachbarten Dörfchen Sulzach auf die
Weitenburg, einem stattlichen, romantisch gelegenen
Bergschloss, das von dem Besitzer desselben, dem Freiherrn
von Rassler, fein und geschmackvoll renovirt worden ist.
Beim Schlosswart gibt es gute Erfrischungen. In einer
halben Stunde können wir die Station Eyach erreichen und
von hier aus per Bahn entweder das alte, gemütbliche Horb,

oder das 1 Stunde von hier entfernte Hohenzollern'sche Bad
Imnau besuchen, welches immer mehr an Frequenz zu-
nimmt, und wie seine Rivalin Niedernau Donnerstags und
Sonntags von der tanzlustigen Studentenschaft ebenfalls sehr
gerne zum Ziel des Ausflugs genommen wird. An die schönen
parkartigen Anlagen des Gartens schliessen sich unmittelbar
die herrlichen Tannenwaldungen an. Der grosse, reich aus-
gestattete Cursaal ist der Ort der geselligen Vergnügungen.
Das reizend gelegene Hauptgebäude des Bades ist im pom-
pejanischen Stile gebaut.

Doch verlassen wir diesen so reichlichen Genuss bie-
tenden Ort, um mit dem Dampfross unser Centrum, die
Stadt Tübingen, wieder zu erreichen und deren weitere
Umgebung kennen zu lernen.

*   *   *

Unser Besuch gilt diesmal dem Steinlachthal. Die Steinlach, aus mehreren Bächen bei Thalheim entspringend, tritt,
nachdem sie vorher den Oeschinger Bach aufgenommen hat,
bei Mössingen aus der Alb hervor, fliesst an Ofterdingen
und Dusslingen vorbei und mündet bei Tübingen in den
Neckar. — Angesichts der majestätischen Höhen unserer
schwäbischen Alb erschaut das Auge, wohin es auch immer
streifen mag, überall bewaldete Höhen und fruchtbare Ebenen,
findet der Wanderer überall freundliche und wohlhabende,
von einem kräftigen, gesunden und lebensfrohen Menschenschlag bewohnte Dörfer. Leider hat die städtische Mode
die schöne, schmucke Steinlacher Volkstracht beinahe ganz
verdrängt. Schöne Zeiten, wo noch der ledige Bursche seinen
Ulmerkopf rauchend, kurze, gelbe Lederhosen, ein blaues
oder grünes Wams, ein scharlachrothes, mit silbernen Kugel-

knöpfen besetztes Brusttuch und auf dem Kopf stolz und
keck sein grünes, mit Pelz verbrämtes und mit einer Gold-
quaste geschmücktes Sammtkäppchen zur Schau trug! Ver-
gangen die Zeiten, wo die schöne Steinlacherin es sich nicht
nehmen liess, in ihrem kurzen, faltigen hellblauen Rock mit
goldenen Borten, in ihrer weissen Schürze, ihren weiten ge-
fältelten, mit Spitzenmanschetten verzierten Hemdärmeln und
in ihrem Häubchen oder ihrer Florhaube sich zu zeigen!
Den jugendlich wallenden Busen schloss das reich mit goldenen Borden und Schnüren durchzogene, scharlachrothe
Mieder ein und man sah es, das hübsche Mädchen war mit
Recht stolz auf die alte, hergebrachte Tracht.

Eine Eisenbahn durchläuft jetzt das schöne Steinlachthal im Anschluss an die Strecke Hechingen-Sigmaringen
und die Donaubahn. Wir ziehen es vor, den Schritten
unseres Führers zu folgen. Zunächst suchen wir nach
Dusslingen, dem schönen und freundlichen Dorfe, das in
der eigentlichen „Steinlach" gelegen ist, zu kommen. Wir
wählen entweder von Tübingen aus die am Waldhörnle,
dem Bläsiberg und Bläsibad vorbeiführende Landstrasse, oder
auch den ebenfalls sehr lohnenden Weg, der über Derendingen
und Kressbach, am Eckhof vorbei führt, und auf welchem
wir in $1\frac{1}{2}$ Stunden nach Dusslingen gelangen können.

Das Waldhörnle ist eine an der Hechinger Strasse
gelegene und besonders von Tübinger Studenten viel besuchte Wirthschaft mit Brauerei. Der schön angelegte, im
Sommer durch den Schatten seiner Bäume äusserst angenehme Wirthschaftsgarten schliesst sich terassenförmig an
den bewaldeten Hügel an, auf dessen Oberfläche der Men-
surplatz für die blutigen Spiele der Studenten sich befindet.

Der Bläsiberg, an dem uns unsere Strasse vorbeiführt, ist ein frei vorspringender Hügel, auf dessen Kopf ein dreistockiges, einfach gebautes Schloss sich erhebt. Ein Theil der Blasiuskapelle, die dem Gebäude Platz gemacht hat, ist an demselben noch erkennbar. Vom Bläsiberg aus hat man eine schöne Aussicht auf die Achalm bei Reutlingen, den Neuffen u. s. w. Das Schloss sammt Rittergut ist Eigenthum der Familie v. Hopfer, zur Zeit aber in Pacht gegeben. Am Fusse des Bläsiberg liegt das Bläsibad, das, jetzt ein Privathaus, früher als Bad von den Tübinger Professoren ziemlich besucht war. Von hier aus gelangt man in 1 Stunde nach Dusslingen.

Wählen wir die schon erwähnte andere Tour, so kommen wir zunächst in das unweit von Tübingen entfernte Dorf Derendingen, welches ebenfalls ein Lieblingsort für Tübinger Ausflügler ist, ausser seinen Wirthshäusern, aber, dem Lamm, dem Ochsen, zur Kapelle und dem Löwen, weiter nichts Bemerkenswerthes bietet.

Auf einem Anfangs steilansteigenden Waldwege kommen wir von Derendingen aus in einer $\frac{1}{2}$ Stunde auf die Hochebene des sog. Köhlerbau, auf welcher nahe am Abhang gegen das Steinlachthal hin der Hof Kressbach sich befindet. Eine herrliche Aussicht geniesst man von hier aus auf die nahe Alb, das freundliche Steinlachthal, sowie auf die weitere Umgegend. Von dem Pächter werden Erfrischungen verabreicht. Oestlich befindet sich der Friedhof mit Kapelle. Das Hofgut mit Schloss gehört dem Freiherrn von Saint André, wie auch der benachbarte Eckhof, die mit einander zusammenhängen. Von Kressbach aus erreichen wir in $\frac{1}{2}$ Stunde den Ort Dusslingen. Das Dorf hat `ein behagliches und freundliches Aussehen, stattliche Häuser und breite, saubere Strassen. Die, dem hl. Petrus

geweihte Kirche, ist von spätgothischer Bauart und hat inmitten von Obstbäumen eine sehr hübsche Lage. Das schön
gebaute Rathhaus des Dorfs erhebt sich auf den Resten
einer alten Burg, auf einem Hügel am Nordende des Fleckens.
Wir bemerken noch den untern Stock eines Eckthurms aus
riesigen Buckelquadern, mit schönem, rundbogigem Durch-
gang. Die romanische Mauer stammt aus uralter Zeit, wie
auch das steinerne, erste Geschoss auf derselben sehr alt ist.
Wir gehen weiter zu dem Dorfe Nehren. Der Name
desselben gehört seiner Etmyologie nach, nicht der deutschen Sprache an; vielleicht stammt die Benennung Nehren
von dem Namen der keltischen Göttin Naria her, welche
auf dem Nehrenberg ähnlich wie da und dort verehrt wurde.
Offenbar haben wir es hier mit einer keltischen Cultusstätte
zu thun. Nehren ist ferner berühmt durch die Ueberreste der
vor Jahren gestürzten, uralten Rieseneiche; mehrere Menschen
können stehend darin Platz nehmen.

In dem unweit von diesem Dorfe gelegenen Ofterdingen muss die Burg eines altadeligen Geschlechts gestanden haben, aus welchem der berühmte Minnesänger
Heinrich von Ofterdingen hervorgegangen sein soll. (?)

Ausserhalb des Dorfes zweigt von der Landstrasse eine
Strasse nach Mössingen ab. Hier, oder besser auch erst in
Sebastiansweiler — wenn wir Belsen noch in den Bereich
unserer Tour ziehen wollen — handelt es sich darum, entweder direkt auf Hechingen und den Hohenzollern loszu-
steuern, oder mit unserem Führer die Tour über Belsen,
an der Farrenburg, nach Mössingen und weiterhin, dem
Steinlachthal folgend, nach Thalheim und auf die Salmendinger Kapelle zu machen. Derjenige, welchem grössere
Fusspartien schwer fallen sollten, kann von Tübingen aus

die Eisenbahn nach Mössingen benützen und von da aus
sich in der Umgegend zurecht finden. Das an der alten Schweizerstrasse liegende, viel besuchte Schwefelbad Sebastiansweiler, ein vielbesuchter
Ort für die Studenten und Einwohnerschaft von Tübingen,
ist ausgezeichnet, nicht nur durch seine wirksame Quelle und ausserordentlich gute Wirthschaft, sondern auch durch die vortreffliche Aussicht, die man von hier aus auf die ganze
Albkette hat. In $1\frac{1}{2}$ Stunden gelangt man von Sebastiansweiler nach Hechingen, von wo der Hohenzollern schon
lange mit seinen spitzen Thürmen und Zinnen herübergrüsst.

Das nur $\frac{1}{4}$ Stunde von Sebastiansweiler entfernte Dorf
Belsen, der reizendste Ort der ganzen Steinlach, liegt
ganz hinter Obstbäumen versteckt am Fusse des Farrenbergs und Heubergs. Am Ende des Dorfs erhebt sich ein
schöner, runder Hügel, dessen Krone die berühmte, früh-
romanisch gebaute Belsener Kapelle trägt, welche als
eines der merkwürdigsten Alterthümer des Landes schon zu
manchen gelehrten Untersuchungen Anlass gegeben hat. Wie
der Name des Dorfes Nehren, so deutet auch die Benennung
„Belsen" darauf hin, dass wir es hier mit einer alten
Cultusstätte zu thun haben. Der Name ist nämlich mit aller
Wahrscheinlichkeit ebenfalls auf eine keltische Göttin, die
Belisona, (von welcher noch das Bilsenkraut seinen Namen
hat) zurückzuführen. Die massive, aus Sandsteinen erbaute
Kapelle, mit romanischem Portal, nordischem Giebeldach
und schmalen, rundbogigen Fensteröffnungen an der Nord-
und Südseite erregt ein besonderes Interesse durch die an
der westlichen Giebelseite eingemauerten Sculpturen. Ueber
dem Portal befindet sich, ganz roh gearbeitet, eine menschliche Figur, eine ähnliche darüber und um letztere her

Thierköpfe (der Kopf eines Stiers, zwei Schweins- und zwei Widderköpfe). Dieselben sind Symbole der Suovetaurilia, des feierlichen römischen Thieropfers und scheinen von einem römischen Altar zu stammen, der wohl an dieser Stelle gestanden hat. Die beiden menschlichen Figuren sind als heidnische, wahrscheinlich keltische Götzenbilder anzusehen. Ueber den heidnischen Symbolen thront das christliche, das Kreuz. — Wir befinden uns hier auf einer uralten Cultusstätte, was auch durch die Benennungen der benachbarten Berge, des Rossbergs, Farrenbergs und Heubergs bestätigt wird und wir haben an der Belsener Kapelle selbst Spuren dreier Culte, welchen der Hügel diente, nämlich des keltischen, des römischen und des christlichen. Die Römer nämlich verehrten die keltische Gottheit entweder als die Sonnengottheit oder als die Landesgottheit, welcher dieser Ort geweiht war. Aus gleichen Gründen liessen wohl die später hereinbrechenden Alemannen das Heiligthum unberührt und hatten vielleicht selber hier eine Opferstätte. Das Christenthum aber liebte es, seine ersten Kapellen an solchen alten heidnischen Cultusstätten zu errichten. Die vorgefundenen alten Sculpturen wurden, wie dies auch sonst geschah, dem christlichen Neubau einverleibt. Der Bau der Kapelle fällt zwischen das 10. und 11. Jahrhundert. Der Chor wurde jedenfalls später angebaut. Im Innern des Kirchleins ist besonders merkwürdig die an der Ostseite des Chors, an der höheren Giebelmauer befindliche, trichterförmige Oeffnung, durch welche (vor Anbau der jetzigen Sakristei) zur Zeit der Aequinoctien — Andere behaupten zur Zeit der Sommersonnenwende — der erste Strahl der Sonne das Bild der Oeffnung, ein Kreuz oder eine Sonne, auf die an der gegenseitigen Innenwand angebrachte Nische habe werfen müssen.

Hier befinden wir uns zugleich am Fusse des Farrenbergs, den wir von der Kapelle aus besteigen. Vorbei an
den Ruinen der vormaligen Burg Andeck, bekannt als
Sitz der Schenken von Staufenberg, gelangen wir zu dem
sargförmigen, 790 Mtr. hohen Berg, von dem aus man eine
überraschend schöne Aussicht über die Albkette bis zum
Hohenstaufen und Rechberg, und hinab, über die vielen
Städte und Dörfer hinweg, bis ins Unterland geniesst. Das
am Fusse des Farrenbergs liegende Dorf ist Mössingen,
ein grosser, von der Steinlach durchflossener, freundlicher
Ort mit Eisenbahnstation. Der dem Farrenberg zugekehrte
Theil des südlich an ihn stossenden Heubergs ist der Drei-
fürstenstein; im Nordosten erblicken wir den Filsenberg und
den Rossberg und im Südosten den Kornberg und die Salmendinger Kapelle. — Auf dem Farrenberg sollen in uralten Zeiten die der Sonnengöttin Belisona geweihten Stiere
geweidet haben, welche zu Belsen geopfert wurden.

Wieder an der Ruine Andeck vorbei gelangen wir vom
Farrenberg aus herab nach dem hübsch gelegenen Thalheim. In dem Dorf befinden sich die Ueberreste einer
alten Burg. Nicht weit oberhalb Thalheim entspringt das
Steinlachflüsschen. Wir dürfen nicht versäumen, einen viel
besuchten Aussichtspunkt von hier aus zu erreichen. Entweder der Steinlach entlang, oder durch das tief einge-
schnittene Wangenbachthal bringt uns der Weg hinauf nach
dem auf dem Kornbühl gelegenen und weither sichtbaren
Salmendingen mit seiner von Linden umgebenen, der
hl. Veronika geweihten, unbedeutenden Kapelle. (868 Mtr.
üb. d. Meer). Von hier und ganz besonders auch von dem
hinter der Kapelle sich erhebenden Köbele aus geniesst
das entzückende Auge eine grossartige Fernsicht. Bei hellem

Wetter sieht man nicht nur das Steinlach- und Neckarthal
und viele andere Thäler, mit einer Unzahl von Dörfern
und Städten, sondern bis zu den Höhen des Schwarzwaldes,
auf den Schönbuch, die Solitude, den Asperg, Hohenstaufen,
Rechberg, Hohen-Urach, Hohen-Neuffen, Stuiffen etc.
Weiter zu gehen hiesse die Grenzen überschreiten, die
wir uns gesteckt haben. Wir kommen auf das schon an-
geführte Sebastiansweiler zurück, von wo aus wir in $1\frac{1}{2}$ Std.
das am Fusse des Hohenzollern und an der Starzel malerisch
gelegene Hechingen erreichen können.

Hechingen,

bis 1850 Residenz des Fürsten von Hohenzollern-Hechingen,
kam mit dem Ländchen durch Vertrag vom 7. Dezember
1849 an Preussen und ist Sitz des Kreisgerichts, der Ober-
amtsstellen, eines Rentamts, der Forstverwaltung, eines katholischen Dekanats, eines Rabinats u. s. w. Die Stadt
zählt zur Zeit bei 4000 Einwohner; ein grosser Theil derselben sind Israeliten, die, das ganze Land durchziehend,
ausserordentlich viel Handel treiben. Hechingen hat auch
eine sehr wirksame Schwefelquelle, welche in dem Kranken-
spital sich befindet; auch Soolbäder, aus der nahen Saline
Stetten, sind in dem Schwefelbad zu haben. Die Stadt hat
sehr hübsche, zum Theil nennenswerthe Gebäude. Die im
Jahr 1782 erbaute katholische Kirche hat interessante
biblische Plafondgemälde und an dem Hochaltar eine grosse
Reliefplatte von Peter Vischer, einen Grafen von Zollern
und seine Gemahlin darstellend. Die kleine evang. Kirche
mit ihren schönen Glasmalereien wurde nach dem Entwurf
des Oberbaurath Stüler aufgeführt und 1857 eingeweiht.
Auch die Synagoge ist sehenswerth.

Das Schloss blieb wegen seiner gesunkenen Fundamente unvollendet. An der Landstrasse liegt der grosse fürstliche Garten und Park mit Pavillon und Gewächshaus anstossend an das fürstliche Schloss, die Villa Eugenia. Das frühere Kloster St. Lucien oder St. Lutzen in der Altstadt (mit interessanter, alterthümlicher Kirche) ist jetzt zu einer grossartigen Bierbrauerei eingerichtet. Ausser dem alten Rathhaus und dem Prinzenpalais bietet Hechingen weiter nichts Bemerkenswerthes.

Gasthöfe sind: Linde (Post), Rad, Löwen, Museum, Krone, Rössle, Württembergisch-Hohenzollern'sche Brauerei-Gesellschaft St. Lutzen; zum „Hechinger Bierkneiple," zur sog. „Liesl" und die „Hechinger Reichskneipe". Empfehlenswerth ist auch das ausserhalb der Stadt in der Nähe der Station Zollern gelegene Wirthshaus zum Brielhof.

Der Hohenzollern

kann von Hechingen aus in $1^1/_2$ Std. bequem erreicht und erstiegen werden. Die Station Zollern am Fusse derselben ist eigens zum Zweck der Besucher der Burg errichtet.

Der Gipfel des freistehenden kegelförmigen Berges erhebt sich 860 Mtr. über das Meer. Die alte Zollernburg im Hauptgebäude mit ihren 2 Flügeln wurde im Jahre 1423 zur Zeit Graf Friedrich VII. von Zollern, der Oetinger genannt, auf Befehl der Gräfin Henriette von Württemberg im Kriege zerstört, später zwar wieder mit vereinten Kräften der verschiedenen Zweige des Hohenzollern-Geschlechts einigermassen wieder hergestellt (1454), war aber seit dem Ende vorigen Jahrhunderts bis zum Jahr 1850 gänzlich im Verfall. Auf Veranlassung Friedrich Wilhelm IV. von Preussen wurde die prächtige, feste Burg nach den militärischen Angaben

des Generals v. Prittwitz und nach den architektonischen
Plänen des Geh. Oberbaurath v. Stüler in Berlin in den
Jahren 1850—58 im mittelalterlichen Stil und unter mög-
lichster Berücksichtigung des Grundrisses der alten Burg aufgeführt. Das grossartige, kühne Schloss kann zugleich als
kleine Festung dienen und hat auch eine kleine Besatzung
von preussisch-badischen Truppen. Zuerst gelangen wir an
das reich verzierte A d l e r t h o r, über welchem wir den
preussischen Adler mit dem Zollernschild auf der Brust und
dem Wahlspruch des königl. Hausordens von Hohenzollern
„Vom Fels zum Meer" angebracht sehen. Als Füllung dient
ein Relief, das Churfürst Friedrich I. in lebensgrosser Reiter-
figur darstellt und darunter von dem burggräflich nürnber-
gischen Löwen und dem hohenzollern'schen Bracken gehalten,
die Inschrift:

„Zollern, Nürnberg, Brandenburg im Bund
Bauen die Burg auf festem Grund"
1454.

Und die neuere Inschrift:

„Mich baut Preussens starke Hand,
Adlerthor bin ich genannt.
1854.

Durch das Adlerthor betreten wir den Rampenthurm, der den
Aufgang zur obern Burg vertheidigt. In der Eingangshalle
bemerken wir auf 2 eingemauerten Denktafeln die Inschriften:

„König Friedrich Wilhelm IV. am 23. Aug. 1851" und:
„Nachdem Seine Königliche Majestät Friedrich Wilhelm IV. von
Preussen, die Wiederherstellung der Burg Hohenzollern Aller-
gnädigst zu befehlen geruht hatten, wurde dazu am 23. Septbr.
1850 in Gegenwart S. K. H. des Prinzen von Preussen der Grund-
stein gelegt. Am 23. August 1851 nahmen Seine Königliche
Majestät hierselbst die Huldigung der hohenzollern'schen Lande
entgegen und im Jahr 1858 wurde der Bau der Burg vollendet.

In 3 kunstvollen Serpentinen gelangt man durch drei
Höfe mit Gärtchen und einem kreisförmig ansteigenden
Tunnel, an dessen Eingang 2 steinerne Lanzenträger Wache
halten, zu dem höher gelegenen, oberen Thorthurm. Die
äussere Befestigungslinie, eine mit Basteien und Eckthürmen
versehene, nach dem alten Grundriss ein Siebeneck bildende,
15—20 Mtr. hohe Mauer, umgibt den untern Burghof und
aus diesem gelangt man durch einen schneckenartig auf-
steigenden Tunnel in den oberen Burghof. Auf ihm erhebt
sich das eigentliche Schloss, von 5 Thürmen überragt. Das
nach Osten geöffnete Schloss hat 3 Flügel und 5 Geschosse,
von denen die beiden untern gewölbt sind und der Verthei-
digung dienen. An den Thürmen sind Zollern'sche Wappen
angebracht. Am Michaelsthurm über einem Erker, welcher
zu den Gemächern der Kaiserin gehört, sehen wir den hl.
Georg mit dem Lindwurm, sowie neben dem Thurm die
kath. St. Michaelskapelle; in der Mitte des Hofs eine stattliche Linde. Im oberen Burghof befindet sich auch der
Burggarten, in welchem die Broncestatue Friedrich Wilhelm IV. aufgestellt ist; auf der andern Seite die Case-
mattenbauten und eine Restauration und anstossend die neue
evangelische Kapelle. In der Eingangshalle zur Wohnung
ist die Inschrift angebracht:

„Adlers Horst auf Berges Kron'
Zollerns Stamm auf Preussens Thron."

Geführt von dem Castellan betreten wir durch eine Frei-
treppe, vorbei am Standbild des Grafen Jobst Friedrich von
Zollern, das Innere des Schlosses und zwar zunächst die
Stammbaumhalle, dann den gothischen überwölbten
Grafensaal, von röthlichen Marmorsäulen mit vergol-
deten Capitälen getragen. Die Gewölbkuppe der prächtigen

Halle ist überreich mit vergoldetem Rankenwerk und farbigen Blumen verziert. Ueberall sehen wir Portraits und Statuen Zollern'scher Ahnherrn aus schwäbischem und fränkischem Stamm, mit bezüglichen Inschriften angebracht. Durch die Fenster des Grafensaals geniesst man eine herrliche Aussicht über die grosse, hügelige Fläche unseres Landes. Wir betreten die Kaiserhalle, wo in dankbarer Anerkennung ihrer Verdienste um das Zollern'sche Haus die Denkmäler folgender deutscher Kaiser an den Pfeilern unter gothischem Baldachin angebracht worden sind: Heinrich V., Friedrich I., Friedrich II., Rudolf I., Ludwig der Baier, Karl IV., Sigismund und Friedrich III. In Medaillons Maximilian I. und Karl V. In der Bischofshalle befinden sich die Denkmäler der geistlichen Fürsten aus dem Hause Zollern. Den Grund zum Bischofsthurm legte im Jahre 1488 Graf Friedrich von Zollern, Bischof zu Augsburg. Eine Thüre führt von der Bischofshalle hinaus ins Freie auf einen Söller mit herrlicher Aussicht auf die Lochen und den Schwarzwald. — Vom Grafensaal aus gelangt man auch in den Bibliotheksaal mit auf die Burg bezüglichen, historischen Fresken von Historienmaler Peters in Berlin. Aus der Bibliothek kommen wir in den Margrafenthurm und in die Zimmer der kaiserlichen Familie. Eine unermessliche Aussicht in das offene Land bietet uns der Treppenthurm an der Westseite des Burghofs dar, dessen Plattform durch eine Wendeltreppe erreichbar ist: das schwäbische Hügelland, mit seinen vielen Städten und Dörfern, den Schwarzwald mit dem Feldberg, die Hochfläche der Alb mit ihren zahlreichen und schönen Vorbergen und zunächst östlich vom Zollern das um 65 Mtr. höhere Zollerhörnle.

Noch grossartiger, oder in seiner Art mindestens ebenso

vorzüglich ist die Aussicht, die man von den Balinger Bergriesen aus geniesst. Bei der Weiterfahrt von Hechingen oder Zollern nach dem an der Donau romantisch gelegenen Sigmaringen, der früheren Residenz des Fürsten von Hohenzollern-Sigmaringen, gelangen wir über einige wenige Stationen nach Balingen, dem Geburtsort des Dichters und Sprachgelehrten Nikodemus Frischlin (geb. 1547). Eine herrliche Fernsicht bietet der die Stadt kühn überragende, isolirte Felsenberg Lochenstein, sowie die benachbarten und reichbewaldeten Berge, der Schafberg und der Plettenberg, — uralte Opferstätten aus heidnischer Zeit. Doch kehren wir wieder nach Tübingen zurück.

*   *   *

Auf unserer vorigen Tour haben wir den Rossberg bei Gönningen erwähnt, der als ein grossartiger Aussichtspunkt unserer schwäbischen Alb zu den interessantesten Ausflügen von Tübingen gerechnet werden darf und auch ganz besonders gerne besucht wird. Der Fahrweg geht durch das Steinlachthal über Dusslingen, Ofterdingen, Mössingen und das Oeschenbachthal hinauf nach Oeschingen, von wo aus ein Fusspfad auf den Rossberg führt. Das Steinlach- und Wiesazthal entlang, am Waldhörnle, dem Bläsiberg und Bläsibad vorbei, können wir denselben von Tübingen aus in $3^1/_2$ Stunden zu Fuss erreichen; doch können wir dahin auch gelangen, wenn wir den angenehmen Waldweg über das Burgholz nach den sogenannten Herden benützen, auf welchen wir über die schönen und wohlhabenden Dörfer Wankheim, Mähringen und Immenhausen nach Hinterweiler und Gomaringen, das Wiesazthal hinauf über Bronnenweiler nach Gönningen kommen.

Gönningen ist ein grosses Dorf von städtischem Ansehen und besonders berühmt durch den ausgedehnten Samenhandel, den seine Bewohner bis in die entferntesten Länder hinaus treiben. Ihre Sämereien und Blumenzwiebel, die sie zum Theil selber bauen, setzen sie nicht nur innerhalb Deutschland, sondern sogar ausserhalb Europa ab. Der Gönninger Samenhändler mit dem grünen Säcklein über der Schulter ist nicht nur in seinem Schwabenland, sondern ebenso gut in Russland, der Türkei, in Persien, Oesterreich und der Schweiz, ja sogar im hohen Norden und Amerika bekannt. Gönningen, früher ein Städtchen, gehörte den Herren von Stöffeln, welche auf dem benachbarten Stöffelberg ihren Sitz hatten; nur noch Spuren sind von der Burg erhalten. Burg und Stadt gingen jedoch schon 1389 in den Besitz von Württemberg über.

Wir treten am besten früh Morgens den Weg auf den Rossberg an. In $^3/_4$ Stunden können wir den sog. grossen Rossberg erstiegen haben; eine weite Hochebene, mit schönem Weideplatz und mit herrlichen Buchen umrahmt, liegt vor unsern Augen. Auf dieser Hochfläche erhebt sich 870 Mtr. üb. d. Meer der sog. kleine Rossberg. Die Aussicht ist herrlich. Besonders grossartig und umfassend ist dieselbe von dem Schaugerüste aus, welches auf dem Berge errichtet ist, um die durch den Wald verdeckte Aussicht nach dem Osten zu ermöglichen. Gust. Schwab erzählt, dass, überwältigt von dem herrlichen Anblick, ein Tübinger Bursche und alter Haudegen einst seinem Bundesbruder von hier aus zugerufen habe: „Hau mich nieder, Bruder, ich bin den Anblick nicht werth" — so entzückend nach allen Richtungen hin ist die Aussicht. Wir erblicken das Steinlach- und Neckarthal, das Gäu, die Filder und den Schönbuch, das Unterland und den

Odenwald, den Schwarzwald mit dem Kniebis und die
Hornisgründe, die Salmendinger Kapelle, den Hohenzollern,
den Farrenberg und Heuberg, die Achalm und den Neuffen,
die Teck und den Stauffen. Auch die Stadt Tübingen mit
dem sie überragenden Schloss winkt freundlich zu uns herüber.
In einer Stunde gelangt man, vorbei an einer alten,
aus dem 30jährigen Krieg stammenden Schwedenschanze,
durch frische Wälder und schöne Weiden nach Genkingen
und von da nach der Erpfinger Carlshöhle oder nach der
vielbesuchten Nebelhöhle und dem Lichtenstein — eine Tour,
wie sie von Tübingen aus oft gemacht wird. Wir kommen
indessen auf diese Punkte in dem folgenden Ausfluge zu
sprechen, der ebenfalls viel Interessantes bietet.

$$* \quad * \quad *$$

Mittelst der Eisenbahn, vorbei an der Blaulach, über
die Stationen Kirchentellinsfurth und Betzingen in 30 Minuten, oder zu Fuss, entweder über Jettenburg und Betzingen,
oder über Lustnau, Kirchentellinsfurth, Wannweil und Betzingen
gelangen wir in 2 Stunden nach der Kreishauptstadt des
Schwarzwaldkreises, der früheren Reichsstadt Reutlingen, von
wo aus sich reichlich Gelegenheit zu interessanten und lohnenden Ausflügen bietet.

Gehen wir zu Fuss und folgen unserem Führer, so
erreichen wir nach einstündigem Marsche das Pfarrdorf
Jettenburg, einen freundlich an dem Hohlbach gelegenen
Ort, der ausser den wenigen Resten einer alten Burg auf
einem Hügelchen in der Mitte des Dorfs wenig Interessantes
bietet; auch das im Echazthal gelegene Wannweil ist
ohne Bedeutung. Wir rathen, den Weg zur Stadt Reutlingen
von Wannweil aus über die Degerschlachter Höhe zu machen,

von wo aus sich dem Wanderer eine prächtige Aussicht auf die ganze Albkette vom Hohenzollern bis zum Staufen darbietet. Ungleich mehr Interesse hat das Dorf Betzingen, ein ebenfalls im Echazthal gelegener, sehr gewerbreicher Ort. Nicht weniger als 5 Fabriken zeugen von der Gewerbthätigkeit seiner Bewohner, die — ein schöner Menschenschlag — sich hauptsächlich durch ihre hübsche und malerische Volkstracht auszeichnen. Einzig in ihrer Art und eine der geschmackvollsten Trachten aus deutschen Gauen, ist dieselbe die einzige in Württemberg, welche, der städtischen Mode trotzend, sich fast ganz rein erhalten hat und von manchem Maler wurde schon ihr zu lieb das freundliche Dorf aufgesucht. Die schmucken Bauernburschen tragen kleine, schwarze Ledermützen, lange, weisse Röcke und Hosen aus Leinenzeuge und rothe Westen mit grossen metallenen Knöpfen. Viele Aehnlichkeit hat die Tracht der Betzinger Mädchen mit der jetzt leider dem Verschwinden nahen, schon erwähnten Steinlachertracht. — Betzingen wird von Tübingen aus häufig besucht. Sehr empfehlenswerth ist das Gasthaus zur Rose.

Von Betzingen aus erreichen wir in $\frac{1}{2}$ Stunde die am Fusse der Achalm und an der Echaz gelegene Stadt

Reutlingen.

Die Stadt ist Sitz eines Oberamts und der Regierung des Schwarzwaldkreises, wie Tübingen eine der 7 guten Städte und desshalb durch einen besonderen Abgeordneten in der 2. Kammer vertreten. Reutlingen zählt zur Zeit 16500 Einwohner; ihre immer mehr an Umfang zunehmende Gewerbthätigkeit stellt sie zu den Städten ersten Ranges unseres Landes. Schon in früheren Zeiten nahm die gewerbreiche,

ehemalige freie Reichsstadt eine bedeutende Stellung ein.
Ausser Handel und Weinbau sind besonders vertreten die
Tuchfabriken, Gerbereien und Färbereien, Buchdruckerei und
Buchhandel, die Weberei, mechanische Werkstätten u. s. w.
Eine Menge ansehnlicher gewerblicher Etablissements und
zum Theil Fabrikanlagen von bedeutendem Rufe befinden
sich in der Stadt. Ganz besonders berühmt und sehenswerth
ist Gustav Werners wohlthätige Anstalt zum „Bruder-
haus", eine Aktienvereins-Anstalt, deren zahlreiche indu-
strielle Etablissements an den verschiedensten Orten des
Landes sich befinden und den Zweck haben, nicht nur Wohl-
thätigkeits- und Erziehungsanstalten für arme und verwahrloste Kinder, sondern auch ein Asyl für arbeitsuchende Leute
zu sein. Der edle Schöpfer dieser Anstalt hat damit den wohl-
wollenden Versuch gemacht, eine Lösung der sog. socialen
Frage in diesem ächt christlichen Sinne anzustreben. Auch
das von Dr. Lucas 1859 gegründete pomologische Institut ist hier zu erwähnen als eine viel besuchte, einzig
in seiner Art dastehende Anstalt mit dem Zweck, auf einen
rationellen Obstbaubetrieb hinzuwirken. In Reutlingen befindet sich ferner auch eine Webschule, in welcher tüchtige Weber und Fabrikmeister herangebildet, sowie jungen
Kaufleuten die nöthigen Kenntnisse aus der Webstoffbranche
beigebracht werden. Ebenso berühmt und besucht ist auch
die Frauenarbeitsschule, ein stattliches Gebäude ganz
in der Nähe des pomologischen Instituts an der nach Gönningen führenden Strasse. Auch die Bildungsanstalten der
Stadt, das Gymnasium und die 10klassige Realanstalt sind
sehr besuchte Schulen. Ebenso besteht in Reutlingen ein
Privatschullehrer-Seminar. Was die Benennung „Reutlingen"
betrifft, so kommt der Name möglicherweise her von Reute

— ein ausgereuteter, d. h. urbar gemachter Platz — wie dies bei vielen ähnlichen Ortsnamen der Fall sein mag, oder aber auch von Ried, Rieth — d. h. von dem Sumpfe, auf welchem die ersten Ansiedler wohnten (heute noch Riethwiesen genannt). Wahrscheinlicher ist jedoch die Annahme, dass der Name der Stadt herkommt von einem alemannischen Familienoberhaupt Riutilo, der sich auf dieser Stätte seinen Wohnsitz erzwang; viele mythologische Sagen aus altgermanischer Zeit, die an umliegende Oertlichkeiten sich knüpfen, sprechen dafür.

Höchst wahrscheinlich entstand der Ort schon im 9. Jahrh. dadurch, dass Dienstleute der Burggrafen sich an dem Fusse der Achalm niederliessen. Schon zu der fränkischen Kaiserzeit, 1030, war Reutlingen ein ziemlich grosses Dorf. Der im Jahre 1200 mit Esslingen zur Stadt erhobene Ort wurde 1216 mit Mauern umgeben und von Friedrich II. von Hohenstaufen viel bevorrechtet. Dafür hielt in Zeiten der Noth die feste Stadt auch immer treu zu dem erhabenen Geschlechte, was 1247 die erfolglose Belagerung durch den Gegenkaiser Heinrich Raspe zur Folge hatte und hiebei das Gelübde zum Bau der Marienkirche veranlasste. Mancher Kaiser hat die mächtige und wohlhabende Reichsstadt mit seinem Besuche beehrt, viele Kämpfe hatte dieselbe zu bestehen. Im Jahr 1377 wurde die mit Württemberg in Fehde liegende Stadt von Graf Eberhard dem Greiner besonders hart bedrängt; ein kühner Ausfall der Städter indessen hatte für die Württemberger eine totale Niederlage zu Folge — die Zierde des Adels fiel und nur mit Mühe entkam Ulrich, der Sohn des Greiners, der Gefangenschaft (s. Uhlands Ballade). Zur Zeit der Reformation spielte Reutlingen eine Hauptrolle; sie war die erste Stadt, die kühn die Neuerungen einführte. Ihre Fehde mit Herzog Ulrich hatte 1519 die Belagerung und

Einnahme der Stadt zur Veranlassung; die Reichsstadt wurde auf kurze Zeit württembergisch bis zur Verjagung des Herzogs. Auch der 30jährige Krieg war für die Stadt eine harte Zeit. Der unglücklichste Tag in Reutlingens Geschichte ist aber der 23. September 1726, wo eine dreitägige Feuersbrunst fast die ganze Stadt in Trümmer legte; mit Ausnahme weniger Gassen, die damals verschont blieben, erhielt die Stadt ihr jetziges Gewand. Mit dem Ende des deutschen Reichs zur Zeit der Napoleon'schen Herrschaft war auch für Reutlingen das Ende seiner Blüte als Reichsstadt gekommen. Der Pariser Frieden und der Reichsdeputationshauptschluss von 1803 brachte Stadt und Gebiet Reutlingen unter württembergische·Herrschaft und 1811 wurde sie zu einer der 7 „guten Städte" gemacht (s. o.). Von da an ist die Geschichte der Stadt mit dem Schicksal Württembergs verknüpft.

Was die Sehenswürdigkeiten von Reutlingen betrifft, so erwähnen wir hier zuerst das Denkmal, welches die Stadt ihrem Sohne, dem um das Eisenbahnwesen und den Handel hochverdienten Nationalökonomen Friedrich List in unmittelbarer Nähe des Bahnhofs und umgeben von Anlagen, errichten liess — ein Zeichen, wie, leider zu spät, die verkannten Verdienste des unglücklichen, bei Kufstein begrabenen Mannes endlich doch gewürdigt wurden.

Ausser dem stattlichen Rathhaus, der sog. Kanzlei (früheres Barfüsserkloster) und der Nikolaikirche ist aber von ganz besonderem Interesse die in gothischem Stile erbaute Marienkirche, mit ihrem hübschen Thurm. Ein in Sandstein gehauenes hl. Grab aus dem Ende des 15. Jahrhunderts ist besonders beachtenswerth, wie auch der aus dem Jahr 1499 stammende Taufstein, sowie mehrere Fresko-

gemäldc in der uralten Seitenkapelle und der neue kunst-
reiche Altar. Merkwürdig ist auch das beim Brande von
1726 gerettete Sturmbockstück, welches von der Belagerung
durch Gegenkaiser Raspe aus dem Jahr 1247 stammt, jener
Belagerung, welche durch ein Gelübde zum Bau der Kirche
führte.

Vom Thurme aus hat man eine grosse Rundsicht auf
die Stadt und deren Umgebung.

Empfehlenswerthe Gasthöfe und Restaurationen sind:
Hôtel Kronprinz mit grossem Wirthschaftsgarten und sehr
elegant eingerichteten Räumlichkeiten in nächster Nähe des
Bahnhofs, ferner Gasthof z. Ochsen, z. Schwanen, z. Lamm,
z. Krone, z. Stern, Restauration Dörrer, Lobmiller, Paradies.
In nächster Nähe der Stadt befinden sich die Sommerwirth-
schaften z. Silberburg, der Hummel'sche und der Wille'sche
Biergarten.

Von Reutlingen aus unternehmen wir zuerst die Tour
auf die Achalm, auf welche wir in $1\frac{1}{2}$ Stunden auf einem
durch Wiesen, Weinberge und Obstgärten hinaufführenden
Wege gelangen können.

Die Achalm,

ein schlanker, freistehender Bergkegel (706 Mtr. ü. d. Meeresfläche) ist von der Alb durch einen schmalen, tiefliegenden
Rücken getrennt und mit Reben und Obstbäumen bis zur
Mitte umkränzt; Haidekraut und Weideland bis zur Bergspitze. Der Weg führt uns vorbei an der von König Wilhelm angelegten Domäne in Mitte der saftig grünen Weiden
des Bergabhangs; sie ist eine treffliche Musterschäferei, wo
alljährlich aus der feinen Wolle von Merinoschafen und An-
goraziegen ein ansehnlicher Ertrag erzielt wird. Eine Nussbaum-
allee führt von hier aus auf den nordwestlichen Ausläufer der

Achalm, den S c h e i b e n b e r g. Der weithin sichtbare Gipfel der
Achalm ist mit den nur noch aus wenig Mauerresten bestehen-
den Ruinen der alten Stammburg der Grafen von Achalm
und Hohenurach gekrönt. Auf den Felsen des isolirten Vor-
bergs ruhend, mit der dem entzückten Auge gebotenen, das
Land weit und breit beherrschenden Fernsicht war die Lage
zu der Burg glücklich gewählt. Die Erbauung wird von der
Sage einem Brüderpaar, den Grafen Rudolf und Egino von
Urach zugeschrieben. Sterbend soll im Todeskampfe Egino
nur noch die Worte „Ach Allm — " auf die Frage des
Bruders, welchen Namen die Burg tragen solle, hervor-
zubringen im Stande gewesen sein und desshalb Rudolf
Geschlecht und Burg Achalm benannt haben; Schwab und
Uhland benützten diese Sage. Einfacher und wahrscheinlicher ist die Namendeutung von Achel = Spitze, oder auch
Ach = Fluss, Alm = Bergweide: Achalm, der Berg am Thal
des Echazflüsschens. Nach kaum 150jähriger Dauer erlosch
das Geschlecht der Grafen von Achalm, welches in der Mitte
des 11. Jahrhunderts blühte.

Nach öfterem Besitzwechsel wurde die Achalm Reichs-
burg und Kaiser Rudolf, den oft die Burg beherbergte, setzte
seinen Schwager, den Grafen Albrecht von Hohenberg, der
auf der benachbarten Weilerburg seinen Sitz hatte, zum
Reichsvogt ein. Von dem Jahre 1376 an war und verblieb
die Burg in dem Besitze von Württemberg, für die Reichsstadt Reutlingen statt des Schutzes öfter eine Geissel. Stark
befestigt wurde die Burg besonders zur Zeit der Städtekriege
aber, um die Ansprüche der österreichischen Erzherzogin
Claudia darauf gegenstandslos zu machen, in den Jahren
1644—48 auf Befehl fast ganz demolirt — vielleicht durch
die Reutlinger hiebei um so gerner unterstützt, als ihnen

die Burg auf dem Nacken immer wie die „Katze auf dem Käfig" gesessen hatte. Bis zum Jahre 1762 blieb der Berg in dem Besitze des württembergischen Hauses und wurde bald als Schaf-, bald als Rindviehweide benützt, kam und verblieb aber von der Zeit an in Privathänden, bis im Jahre 1822 König Wilhelm anfing nach und nach aus verschiedenen Händen das Gut zu der jetzigen königlichen Domäne zurückzukaufen. —

Eine herrliche Aussicht nach allen Seiten bietet sich unserem Auge auf dem Gipfel des Berges, besonders von den Zinnen des Thurmes aus dar, zu dem eine bequeme Treppe hinaufführt. Ein wundervolles Panorama von Städten und Dörfern, Bergen, Thälern und Flüssen, Feldern und Wäldern des schönen und gesegneten Schwabenlandes liegt vor uns: die Alb, eine mächtige Front bildend, mit ihren zahlreichen Vorbergen und ihren hervorragenden Bergkuppen, ihren felsigen und waldbewachsenen Bergrändern, ihren da und dort hervorwinkenden Burgtrümmern und ihren tief eingeschnittenen, gegen uns sich öffnenden Thälern — in der That ein grossartiger Anblick. Gegen das Pfullinger und das freundliche Honauer Thal, über den sagenreichen Ursulaberg hinweg grüsst der Lichtenstein zu uns herüber; über den Georgenberg herüber der Rossberg als höchster Punkt dieses Theiles der Alb, der Farrenberg und der Heuberg, welch' letzterer uns den Hohenzollern verdeckt. Weiterhin sichtbar sind: die Weilerburg, die Weitenburg, die Wurmlinger Kapelle, Tübingen mit Schloss und Kirche. Im Nordosten der Stuifen, Rechberg und Hohenstaufen, näher gegen uns die Teck und der Hohen-Neuffen. Aus dem fernen Westen dämmert der Schwarzwald herüber mit Feldberg, Kniebis,

Hornisgründe und Katzenkopf; im Nordosten als höchster
Punkt des Odenwalds der Katzenbuckel.

Haben wir uns an der prächtigen Aussicht sattgesehen,
so kehren wir befriedigt entweder zur Stadt Reutlingen zurück, oder, wenn wir auch noch Ehningen besuchen wollen,
schlagen wir vom Hofe aus den Fahrweg ein, der uns in
$\frac{1}{4}$ Stunde zum Flecken hinunterführt. Ehningen, eines
der grössten württembergischen Dörfer mit 3400 Einwohnern,
ist bekannt durch den ausgedehnten Handel, den es nach
allen Gegenden hin treibt. In dem sog. Ehninger Congresse,
auf welchem jährlich die Ehninger Krämer und die Kauf-
herren zur Abschliessung und Regelung von Geschäften zu-
sammenkommen, erhält der ansehnliche Ort einen fast städtischen Hauch. Doch scheinen sich diese Verhältnisse jetzt
schon zu ändern.

Gasthäuser sind: Goldene Traube, Ochsen, zu den 3
Königen, Schlegel'scher Bierkeller. Der Weg nach Reutlingen
zurück führt uns an der Stätte der Reutlinger Schlacht vorbei, dem sog. St. Leonhardtfeld.

Ein weiterer, gleichfalls lohnender Ausflug von Reutlingen
aus ist der auf die 1 Stde. entfernte Altenburg. Unser Weg
führt uns am pomologischen Institut, an der Reckenwiese
und weiterhin an der Richtstätte des Helfer Brehm vorbei,
zu der Schieferölfabrik, von wo aus wir in $\frac{1}{2}$ Stunde
den Altenburger Hof erreichen, wo uns bei dem Pächter
willig gute Erfrischung gereicht wird. Unweit davon, auf
dem sogennanten Kugelberg, befindet sich die restaurirte Ruine
Altenburg, einst wohl zum Besitze der bei Gönningen früher
ansässigen Herrn v. Stöffeln gehörig. Wir haben die Wahl,
unsern Weg nach Tübingen zurück von hier aus entweder
über Gomaringen und Hinterweiler und im Steinlachthal hin-

unter, oder über O h m e n h a u s e n, Mähringen und Wankheim zu machen.

*　*　*

Der anziehendste Zielpunkt für den Touristen ist un-
streitig das Schloss Lichtenstein und die Nebelhöhle. Von Reutlingen aus, thalaufwärts der Echaz folgend
in einer ausgezeichnet schönen Obstbaum-Allee, vorbei an
einer Tuchfabrik und einer Mühle, gelangen wir in $3/_4$ Std.
nach dem Städtchen Pfullingen, einem zwischen dem
Jörgenberg und dem Ursulaberg lieblich gelegenen Orte. Auf
dem J ö r g e n b e r g soll einst eine dem hl. Georg geweihte
Wallfahrtskapelle gestanden haben; die Aussicht, welche man
von diesem Berge aus geniesst, ist nicht zu unterschätzen.
Oestlich von dem U r s u l a b e r g springt der M ä d c h e n f e l s
hervor; an beide Berge knüpfen sich berüchtigte Sagen und
Märchen aus altgermanischen Zeiten. Das gewerbreiche Städtchen Pfullingen (4500 Einw.) hat viele Fabriken, von den
Bewohnern wird ausser mancherlei Gewerben auch besonders viel Obstbau betrieben. Pfullingen ist eine sehr alte Stadt
und mag einst wohl der Hauptort des Pfullichgaus gewesen
sein. Im grauen Mittelalter war hier ein Asyl errichtet für
„vffrechten, redlichen, vngefährlichen“ Todschlag. Das ehemalige Schloss, einst von den Rempen v. Pfullingen, Vasallen
der Herren v. Achalm bewohnt, enthält jetzt eine Irrenanstalt.

Empfehlenswerthe Gasthäuser sind: der Hirsch und
das Lamm.

Von hier aus führt ein etwas näherer aber ziemlich
steil aufsteigender Weg über die Wanne und den Wackerstein zur Nebelhöhle (s. u.).

In $1\frac{1}{2}$ Stunde gelangen wir von Pfullingen aus, vorbei an der grossen Solvo-Fierz'schen Spinnerei nach Unterhausen (Gasthaus z. Adler), wo unweit davon die Burg Stahleck auf einer hohen Bergspitze gestanden hat. Der Bergvorsprung links oben von Unterhausen, gegen das malerisch gelegene Holzelfingen hin, ist der sog. Burgstein, in dessen Nähe der Greifenstein sich befindet.

Auf der Höhe der rechten Gebirgsseite erheben sich schroff und mächtig das scharf vorspringende Eck des Wackerstein, die Wanne — eine prächtige Bergwiese — und besonders schön der das Dorf überragende Giesstein; — vortreffliche Aussichtspunkte.

Schon beginnt das imposante Schloss Lichtenstein für uns sichtbar zu werden. In dem 10 Minuten von Unterhausen entfernten Oberhausen (Krone, Hirsch) haben wir die Wahl zu treffen, ob wir es vorziehen, nach dem lieblich gelegenen, $1/_2$ Std. entfernten Honau weiterzugehen, um von hier aus entweder auf der neuerbauten und gut befahrbaren Honauer Albsteige, oder einer Anfangs allerdings steilen Fusssteige, welche nach oben in vielen Windungen verläuft, die Höhe des Bergschlosses zu besteigen, oder ob wir die bequemere Steige einschlagen wollen, die bei Oberhausen abzweigt und uns in $1/_2$ Stunde hinaufführt.

Wollen wir zugleich die Nebelhöhle besuchen, so dürfen wir nicht versäumen, uns vorher im Gasthaus zur „Krone" in Oberhausen den Schlüssel einhändigen zu lassen und uns mit einem Fackelträger zu versehen. Am einfachsten zu finden ist der Weg von Oberhausen zur Nebelhöhle, wenn wir das Thal des Bächleins verfolgen, welches unmittelbar bei der Höhle entspringt; doch gilt es hiebei die steile Bergwand zu übersteigen, welche das Thälchen schliesst. Bequemer

ist der Weg, welcher oben rechts von der nach dem Lichtenstein führenden Oberhausener Steige abzweigt.

Honau, äusserst malerisch am Fusse des Lichtenstein in einem baumreichen Wiesengruud gelegen, rings
umgeben von hohen, steilen und umwaldeten Felsenstirnen
ist an und für sich schon einer besonderen Beachtung werth.
Der erste in der Felsenreihe, auf der Bergwand gegenüber
vom Lichtenstein, ist der Honauer Sonnenstein; fallen die
Sonnenstrahlen in die natürliche Vertiefung desselben, so
ist es für die Bewohner der Umgegend Mittag.

Der Dobelkapf, ein Felseneck über dem wilden
Waldgrund, der das Honauer Thal im Süden abschliesst,
trägt die Ruinen einer alten Burg.

Am kühnsten von allen Felsen aber, mächig und fast
verwegen, überragt das friedliche Dorf im engen und viel-
geschlungenen Thal der stolze Felsen, welcher den Grund-
stock des Schlosses Lichtenstein bildet; — ein herrlicher,
fesselnder Aufblick, hinauf zu der majestätischen Veste.

Durch was Honau noch ganz besonders ausgezeichnet
ist, das sind die überaus schönen und romantischen Wasser-
fälle, welche die junge Echaz über eine Reihe von Felsen
stürzend bei starkem Gefälle bildet. Merkwürdig ist auch die
im Jahr 1874 bei Honau in der Nähe des Wasserfalls ent-
deckte Olgahöhle, mit ihren mannigfaltig geformten
Tropfsteingebilden, welche sich bis zu dem Wasserfalle heran-
zieht, dessen Rauschen man im Innern der Höhle deutlich
vernimmt. Die abgeschiedene, idyllische Lage des freundlichen Honau hat es zu einem vielbesuchten Sommerauf-
enthalt gemacht; keiner wird den Ort so leicht vergessen,
der auch als Luftkur- und Kaltwasserbadort zu Ansehen gekommen ist. Empfehlenswerthe Gasthäuser sind: Rössle u. Lamm.

Auf einem der oben angeführten, von erfrischendem Waldesgrün beschatteten Wege sind wir in $1/2$ Stde. auf der Höhe der Ritterburg beim Förstorhause angelangt, wo auf schwindelnder Höhe man wirklich eine grossartige Fernsicht auf die Gebirge, Thäler, Städte und Dörfer des ganzen tiefer liegenden Schwabenlandes geniesst und wo wir uns bei dem reizenden Blick auf das in der Tiefe des Thales liegende Honau der freundlich gebotenen Bewirthung erfreuen dürfen. Hier sind wir auch schon vor der Burg Lichtenstein angekommen. Dieselbe, frei und kühn auf einem zur schwindelnden Höhe (225 Mtr. über dem Thale) sich erhebenden, von der Gebirgswand wie weggespaltenen, isolirten Felsen stehend, ist mit dem Gebirge durch eine Zugbrücke verbunden, die auf das festungsartige Thor zuführt. Das einfach im edelsten Stil einer mittelalterlichen Burg von Graf Wilhelm v. Württemberg, Herzog v. Urach, nach dem Entwurf des berühmten Gothikers v. Heideloff und unter Führung des Baurath Rupp in Reutlingen im Jahre 1842 aufgeführte Schloss steht auf Grund der 1802 abgetragenen Burg des berühmten und vielgenannten, besonders im 15. Jahrhundert blühenden, aber bald ausgestorbenen Rittergeschlechts Lichtenstein, das in seinem anmuthigen Romane unser Dichter Wilhelm Hauff verherrlicht hat. Hier, in einer verborgenen Höhle des Burgfelsens und nicht in der Nebelhöhle, wie uns Hauff und die Sage erzählt, hat bei seiner Flucht der unglückliche Herzog Schutz gefunden. —

Das 3stockige Schloss mit seinen die Thore schützenden Basteien und Erkern, seinem spitzen Dachwerk, mit dem angebauten Erkerthurm und seinen Giebelzinnen wird überragt von dem runden, 34 Mtr. hohen Wartthurm, welcher durch seine grossartige, verwegen kühne Bauart den roman-

6*

tischen und imposanten Eindruck vollendet, der sich jedem
Besucher beim Anblick dieses guterfundenen Prachtwerkes
menschlicher Kunst aufzwingen wird. Leider ist seit Jahren
auf Wunsch der erlauchten Besitzerin des Schlosses, der
Frau Herzogin v. Urach, das Innere desselben für Besucher
der Burg nicht mehr zugänglich ohne vorher die spezielle
Erlaubniss hiezu von der Besitzerin eingeholt zu haben und
müssen wir uns mit der unbeschreiblich schönen Aussicht
begnügen, die wir von seiner Höhe aus geniessen. Besonders ausgebreitet ist die Umsicht von dem benachbarten
Platze aus, wo Graf Wilhelm die anmuthige Büste Wilhelm
Hauffs auf einer freien Felsenspitze anbringen liess. Drunten
in der Tiefe schlängelt sich das liebliche Echazthal hin, wo
in saftigem Wiesengrund das freundliche Honau eingebettet
liegt. Eine herrliche Fernsicht, tief hinunter in das wein-
reiche Unterland, über die Alb zu den schweizerischen Ge-
birgen, über die zahlreichen Berge, Thäler und Dörfer hinweg, fesselt den Blick des Beobachters, dem sicher die Lichten-
steiner Tour nie aus dem Gedächtniss entschwinden wird.

Die uralten Trümmer des ältesten Lichtenstein, d. h.
die Ruinen der Burg, wo in den allerersten Zeiten dieses
ritterliche Geschlecht gehaust hat, befinden sich 10 Min. von
hier entfernt auf dem äussersten Felsen.

In $^3/_4$ Stunden gelangen wir vom Lichtenstein auf leicht
zu findendem Wege hinüber zur Nebelhöhle, wenn wir
nicht einen der oben angeführten Wege von Oberhausen
aus benützt haben. Schlüssel und Führer haben wir von
der Krone in Oberhausen an die Höhle bestellt. Wegen der
Kostspieligkeit einer umfassenden Beleuchtung der Höhle
wird es anzurathen sein, wenn wir nicht den allgemeinen
Besuchstag, den Pfingstmontag, benützen, den Ausflug auf

die Nebelhöhle in grösserer Gesellschaft zu machen. — Hieher gelangt aber auch, wer schon in Pfullingen die alte Genkinger Strasse einschlägt, beim ersten Fussweg, $\frac{1}{4}$ Stunde vor der Stadt, nach links abweicht und etwa nach weiteren 20 Min. wieder auf einem steinigten Fussweg nach links umbiegt, welcher Weg uns auf die Wanne, eine Bergwiese führt, wo ausser der Terassenbildung der Juraformation ganz besonders die reizende Aussicht unser Interesse fesselt.

Auf dem Weg der zur Rechten längs des Waldrandes gegen den A c h b e r g hin und am H o c h b e r g (ausgezeichnet durch die grosse Buche auf seinem Gipfel) vorbei führt, gelangen wir zu dem kühn vorspringenden W a c k e r s t e i n, wo über den schwindelnden Abgrund hinweg das entzückte Auge in die weiteste Ferne zu schweifen vermag. Haben wir über den Bergrücken hinweg die Hochfläche, eine bis an den Bergrand ausgedehnte Wiese erreicht, so befinden wir uns gerade über der Nebelhöhle. Hier ist die Stätte, wo alljährlich am Pfingstmontag bei Musik und Tanz eine aus allen Gauen des Schwabenlandes zusammengeströmte Menschenmenge sich zu einem Volksfeste versammelt, um dieses prächtige Werk der Natur, die schön beleuchtete Nebelhöhle zu besuchen. Der Eingang zu der Tropfsteinhöhle öffnet sich gegen Nordosten an der Wand des mächtigen Felsengewölbes. An demselben Tage ist auch die merkwürdige Olgahöhle in Honau beleuchtet.

Die prächtige Schilderung, die uns Hauff in seinem „Lichtenstein" von der Höhle gibt, mag wohl zugetroffen haben, wo, von der Fackelbeleuchtung noch unberusst, die mannigfaltigen Tropfsteingebilde im Crystallschimmer und Glanz der Phantasie noch erschienen. Hier eine gothische

Kapelle mit Kanzel, Altar, Taufstein, Heiligenbildern und Orgel, da einen Wasserfall und dort Menschen und Bestien aller Art. Immerhin bietet die bei 200 Mtr. lange Höhle, mit wechselnder Höhe und Breite, dem Naturfreunde grosses Interesse, wie auch die eine starke Stunde von hier entfernte Carlshöhle bei Erpfingen, die an Raum zwar kleiner ist, in welcher aber die auffallenden Tropfsteinbildungen noch in ungetrübtem Glanze zu Tage treten. Am Eingang befinden sich in 2 Behältern Menschengebeine und fossile Bärenknochen, welche nebst Waffen und sonstigen Geräthschaften in der Höhle gefunden wurden. Um den mit Kohle und Asche bedeckten Herd lagen zerstreut Menschengerippe und benagte Knochen aller Art. Man gelangt nach Erpfingen, wo im „Hirsch“ Schlüssel und Führer zu bekommen ist, entweder im Anschluss an die oben beschriebene Salmendinger Tour von Willmandingen aus, oder bei der Parthie auf den Rossberg, wie auch von der Nebelhöhle aus, wenn wir den Weg über Genkingen und Undingen einschlagen. Doch auch hier haben wir bereits die Grenze berührt, an welcher der Führer den Wanderer entweder berufeneren Händen überlassen, oder dazu einladen muss, unter seiner Führung den Heimweg anzutreten.

*   *   *

Als eine an weiteren Schönheiten und Sehenswürdigkeiten reiche Albtour nach den entfernteren Punkten in der Umgebung von Tübingen erwähnen und empfehlen wir hier noch den Ausflug in die Uracher Gegend, zu welchem uns hauptsächlich der berühmte Uracher Wasserfall, sowie die grossartige Ruine Hohenurach einladet. Wir benützen entweder die Eisenbahn über Reutlingen und Sondelfingen nach

Metzingen, von wo durch die freundlichen Gefilde des schönen Ermsthales eine Zweigbahn uns nach Urach bringt, oder besser den hübschen Weg, der uns von Reutlingen aus über Eningen und St. Johann, vorbei an dem „grünen Felsen" und dem Fohlenhof „Güterstein", zum Wasserfall und zu der Burg führt. Auch von Urach aus bietet sich dem wanderlustigen Sinne lohnende Gelegenheit zu genussreichen Nebenausflügen. — Wir entschliessen uns für die Fusstour.

Von Eningen aus, das wir schon früher kennen gelernt haben, zieht sich in einigen Biegungen hinauf zu der Höhe des Albplateau die gut befahrbare, neue Steige, der es nicht an Punkten mit herrlichen Ausblicken fehlt, und welche auch besonders interessant ist für den Geognosten durch die in schöner Reihenfolge hier zu Tage tretenden Schichtungen des von ihr durchbrochenen Jurakalks. In etwas kürzerer Zeit kommen wir auf dem ziemlich steilen Fussweg hinauf, der in Eningen von der Strasse abzweigt, auf einen schattigen Waldweg und eine Felsenschlucht zuführt und sich oben wieder mit dem Fahrweg vereinigt. Oben auf der Höhe angelangt, folgen wir dem Wege, auf dem wir durch einen Wald in 1/2 Std. nach St. Johann gelangen, gemeiniglich auch Rauh St. Johann genannt. Dasselbe, jetzt ein zum Landesgestüt gehöriger Fohlenhof, soll früher zum Kloster Güterstein gehört und ursprünglich in einem Waldbruderhaus mit Kapelle bestanden haben. Herzog Eberhard Ludwig erbaute hier den ersten Fohlenstall und richtete die Wasserleitung ein, die heute noch den Hof mit laufendem Wasser versieht, welches durch ein Pumpenwerk in Güterstein aus dem Thale heraufgeschafft wird. Der 1/4 Std. von hier entfernte vordere Fohlenhof auf der Höhe über Güterstein wurde durch Herzog Karl ins Leben gerufen und von König Friedrich erweitert. Ein schöner Fahrweg führt von St. Johann aus hinunter nach Güterstein — doch erlauben wir uns vorher einen kleinen Seitenausflug. Auf dem nach Glems führenden Strässchen erreichen wir von St. Johann aus, vorbei an einem durch die grossartige Fernsicht bis zu den Alpen ausgezeichneten Hügel, der sog. Karlshöhe, in $1/4$ Stunde den weit bekannten, frei hervorspringenden grünen Felsen, welcher, 805 Mtr. über dem Meere, eine unermessliche Aussicht bis zum Schwarzwald, dem Odenwald und dem Königsstuhl bei Heidelberg bietet. Das in einem ganzen Wald von Kirschbäumen eingebettete Dörfchen am Fusse des Bergs ist Glems. Ein Fussweg führt vom grünen Felsen hinab nach Eningen. — Eine fast ebenso herrliche Fernsicht gewährt der benachbarte Wolfsfels, wie auch der die Stirne des Rossbergs krönende Olgafels. Lenken wir vom grünen Felsen unsere Schritte zum Wald zurück, so kommen wir auf dem Wege nach St. Johann an einer Stelle vorbei, von der eine kurze Wegstrecke nach der schönen Buche abzweigt, — ein Baum mit prächtiger Krone und einem Stamm von mehr als fünf Mtr. Umfang. Der Weg führt uns weiterhin über eine bewaldete Höhe zu der Fohlenweide und dem schon oben genannten Fohlenstall über dem felsigen Bergabhang, an welchem der Hengstfohlenhof Güterstein, sowie in halber Höhe die Stelle im vordern Bühlthal sich befindet, wo einst auf einer Felsenbank in wildromantischer Lage die Karthause Güterstein gestanden hat. Schon die geheimnissvolle Abgeschlossenheit, der poetische Zauber, der hier auf unserer ganzen Umgebung ruht, muss das Gemüth des Menschen zu ernster Andacht stimmen. Hier war schon in vorchristlicher Zeit eine heilige Stätte, auf welcher, als das

Christenthum Eingang fand, der hl. Maria eine Kapelle geweiht und späterhin (1439) dabei eine Karthause errichtet wurde. Graf Ludwig I. stiftete in Güterstein das Erbbegräbniss, in welchem er und seine Gattin Mechtilde, seine Söhne Andreas und Ludwig II. beigesetzt wurden; auch Ulrichs Tochter Anna fand hier 1530 ihre Ruhestätte. Hier liess sich Eberhard von dem Prior Conr. v. Münchingen, seinem väterlichen Freunde, feierlich den Segen zu seinem Vorhaben geben und hier zuerst trat er, von seiner Pilgerfahrt aus dem hl. Lande zurückgekehrt, beim alten Prior ein. Wie uns die Sage erzählt, soll Herzog Ulrich auf seiner Flucht um Einlass in das Karthäuserkloster gebeten haben, vom Prior aber abgewiesen worden sein. Beim Weggehen soll der zornige Fürst die Drohung ausgesprochen haben: „Euer Kloster ist ein zweites Rom, ich aber will es zu einem zweiten Jerusalem machen!" Wir wissen, dass nach seiner siegreichen Wiederkehr er wirklich dadurch Rache an den Klausnern nahm, dass er die Karthause aufhob und zum Theil zerstören liess. Herzog Christoph ordnete den völligen Abbruch des Klosters an und liess 1554 die fürstlichen Leichname nach der Stiftskirche in Tübingen überführen. Herzog Ludwig bestimmte Güterstein 1575 zu einem Fohlenhof. Hier baute Graf Eberhard Ludwig ein Wasserhaus, um das Gestüt St. Johann mit frischem Wasser zu versehen; das Pumpwerk, welches das Wasser der hier gefassten Quellen hinaufschafft, wird eben durch dasselbe Wasser getrieben. Die Besichtigung dieses 1715 errichteten Werkes bietet grosses Interesse. Im Bühlthal zieht sich am Saume eines Buchenwaldes neben den Thalwiesen ein angenehmer Weg hin, auf welchem in $\frac{1}{2}$ Stunde wir angesichts der Ruinen von Hohenurach ins hintere Brühl zum Uracher Wasserfall, einem der schönsten Punkte der schwäbischen Alb gelangen. Doch hätten wir denselben auch auf dem Heimwege von St. Johann aus in kürzerer Zeit erreicht, wenn wir nicht ins Thal nach Güterstein herabgegangen wären. Der Eindruck, den der romantisch schöne Anblick dieser herrlichen Naturerscheinung auf das Gemüth des Beschauers macht, ist in der That ein grossartiger. Ueber das frische Waldesgrün erhebt sich, umrahmt von wildem Gehölz und den ihn überhängenden Bäumen, schroff und kühn der hohe Kalktufffelsen und über die jähe Felsenwand hinweg stürzt sich der Bühlbach, keck und rasch mit voller Jugendlust, grossartig, wenn auch in dünnem Strahl auf das Felsengerölle in der Tiefe hinunter, wo bei günstiger Sonnenbeleuchtung zur Mittagszeit die Wassertropfen des schäumenden und zerstäubten Baches in den herrlichsten Regenbogenfarben erglänzen. Freundlich grüssen zu uns aus dichtem Walde die grossartigen Burgtrümmer der uralten Veste Hohenurach herüber, zu welcher wir von hier aus am besten gelangen, wenn wir oben auf dem Wiesenplateau rechts in einen lieblichen Waldweg einbiegen, der uns durch schönen Buchenforst in $1/2$ Stunde über einen Bergsattel hinweg zu der Ruine hinaufführt.

Gegen Urach hin stehen noch die Grundmauern der den Hof der Burg umgebenden Gebäude, im Innern noch die Giebel derselben. In 3 Terassen erhob sich die Veste, zu denen über die 3 Festungsgräben 3 Thorwege führten. Die untere Burg hatte ihre eigene, in den Felsen gehauene Brustwehr; in ihr befand sich die Burgkapelle. Die dicht über ihr stehende obere Burg, mit hohem Bollwerk, schloss die innere Burg ein, deren Hof ein Viereck bildete und welche ein sie umgebender Zwinger mit vielen Thürmen befestigte. Vom höchsten Punkte der Burg aus hat man eine herrliche Aussicht auf das Uracher Thal, sowie auf die Stadt hinunter am Fusse derselben. Auch sieht man weiterhin auf die grosse Filderebene bis nach Hohenheim; die das Thal einschliessenden Berghöhen verdecken aber alle übrige Fernsicht, die man von dem 698 Mtr. über die Meeresfläche sich erhebenden Festungsberge aus geniessen möchte.

Hier oben auf der stolz gebietenden Burg stehend, geht manches Stück Geschichte an unserem Geiste vorüber. Hier hatte das Geschlecht der Grafen von Urach ihren Sitz, welches zu den ältesten und hervorragendsten Dynasten Schwabens zählte, in der Geschichte in Verbindung mit den Grafen von Achalm auftritt und besonders im 11. und 15. Jahrhundert blühte. Egino I., Gaugraf im Schwiggerthal (bei Metzingen) im 11. Jahrhundert soll Ahnherr des Geschlechts sein, aus welchem eine Reihe der einflussreichsten Kirchenfürsten hervorgegangen ist, von denen zwei sogar die ihnen angebotene päpstliche Krone ausgeschlagen haben.

Kuno v. Urach, Cardinalbischof von Präneste war der einflussreichste Berather Gregor VII., ein Graf Gebhard, Bischof in Speier und ein zweiter Kuno gelangte ebenfalls zur Kardinalswürde. Am meisten zu Ansehen kam aber Graf Egino V., mit dem Barte, der 1181 durch seine Verheirathung mit Agnes, der Tochter des Herzogs von Zähringen, Stammvater der Uracher Grafen im Breisgau wurde, deren Geschlecht, nach ihrem Schloss genannt, heute noch als Fürsten von Fürstenberg fortblüht. Mit Graf Berthold von Urach erlosch i. J. 1260 die ältere Linie und ihre Besitzungen gingen 1264 in den Besitz von Württemberg über. Graf Ludwig I. soll 1427 die Burg neu aufgeführt haben. Hier starb 1519 der geisteskranke Graf Heinrich v. Württemberg, der Vater Herzog Ulrichs, welcher durch Graf Eberhard 1490 hieher verbracht und von seiner treuen Gattin, Gräfin Eva v. Salm, auf der Burg noch mit einem Sohn, dem Grafen Georg, beschenkt wurde (1498). Georg ist Stammvater des jetzt regierenden Königshauses, indem nach dem Erlöschen der älteren Linie mit Herzog Ludwig (1593) der Herzog Friedrich I., Sohn des Grafen Georgs, auf den Thron berufen wurde. Im Jahre 1519 wurde die Burg vom schwäbischen Bund in Besitz genommen, 1534 aber wieder von Herzog Ulrich mit Hilfe des Landgrafen Philipp v. Hessen durch Beschiessung zur Capitulation gezwungen. Im schmalkaldischen Krieg 1547 ergab sich Stadt und Burg dem Herzog Alba und im 30jährigen Krieg hielt die Festung eine neunmonatliche Belagerung aus, worauf sie 1635—48 in die Hände der Kaiserlichen gerieth.

Hier oben war es, wo 1590 der junge Gelehrte und Dichter Nikodemus Frischlin, ein unruhiger Geist und begeisterter Sänger der Freiheit seinen elenden Tod fand. Von den „Hofteufeln", — einigen übermüthigen Adeligen und eifersüchtigen Lehrern verfolgt und seines Lehramtes in Tübingen entsetzt, wurde er auf der Flucht ergriffen und nach Hohenurach ins Gefängniss verbracht. Hier entstand sein Hebraide. Freiheitsuchend machte er einen Fluchtversuch. Durch eine Oeffnung, die er in den Ofen einbrach, liess er sich an dem aus einem Leintuch gefertigten Strick über die Mauer hinab, das Seil brach, er stürzte — und elend auf dem Felsen des Abgrundes zerschellte das Haupt des unglücklichen Dichters. Hier oben sass auch bis zu seiner Enthauptung (1613) der Kanzler Enzlin, sowie am Ende ihres elenden Treibens die berüchtigte von Grävenitz einige Zeit gefangen.

Bis 1767 hatte Hohenurach eine Besatzung, in welchem Jahre aber von Herzog Karl die Demolition der Burg angeordnet wurde, und die Steine beim Aufbau seines Lieblingsschlosses Grafeneck, unweit Münsingen, zur Verwendung kamen. Ein hübscher Waldweg führt uns in $1/_2$ Stunde hinab in das Thal der Erms nach

Urach.

Ehemals Hauptstadt der Grafen v. Urach, wurde sie, als deren Besitzungen an Württemberg übergingen, die langjährige Residenz der württembergischen Fürsten. Die alterthümliche, jetzt noch zum Theil mit Mauern umgebene Stadt zählt zur Zeit 3500 Einwohner. Viel Obst- und Wiesenbau wird hier getrieben; doch ist auch die Gewerbs- und Fabrikthätigkeit nicht unbedeutend. In Verbindung mit dem Schafmarkt wird alle 2 Jahre bei Musik und Tanz am Jakobitag im ehemaligen Thiergarten ein sehr besuchtes Volksfest hier abgehalten, bekannt durch den Schäferlauf der geschmückten Schäfertöchter, wo im Laufen um die Wette sich dieselben den Preis streitig machen. Urach hat gute Lehranstalten, unter welchen besonders das evangelische Seminar zu nennen ist, in welchem die ·von Schönthal kommenden Zöglinge zum theologischen Studium auf die Universität vollends vorbereitet werden. Das Seminar befindet sich in dem sog. Mönchshof, da wo früher die Mönche des von Graf Eberhard begründeten Chorherrnstifts zu St. Amandus bis zur Reformationszeit ihren Sitz hatten. Dieses Gebäude hatte 1562 Herzog Christoph dem Hans Ungnad, Freiherrn v. Sonegg, jenem um den Druck von Bibelübersetzungen so verdienten, frommen Lutheraner eingeräumt,

der in der Stiftskirche in Tübingen begraben liegt. Besonderes Interesse verdient auch die schöne von Graf Eberhard
im Bart 1479—99 im gothischen Stile erbaute Stadtkirche
St. Amandi mit dem geschnitzten Beichtstuhl des Grafen
aus Eichenholz, darüber dessen Wahlspruch: Attempto. Als
für die württembergische Fürstengeschichte merkwürdig ist
ganz besonders das Schloss sehenswerth, welches Graf
Ludwig I. 1443 erbaute. In dem Rittersaal, der sog. „goldenen Stube", hat Graf Eberhard im Bart seine Hochzeits-
feier gehalten. In ihm befindet sich das Ehebett des Grafen
und an den Wänden erinnern Palmenbäume und der Wahlspruch: „Attempto" an die Pilgerfahrt des erhabenen Fürsten.
Ferner bemerken wir in dem ehrwürdigen Saale das gut
getroffene, in Holz geschnitzte Bild des Grafen Heinrich,
Ulrichs Vater, sowie die hölzerne Abbildung eines bei Urach
durch Herzog Ulrich erlegten Wildschweines. Die Kanonen-
kugel im Fussboden erinnert uns an den wackeren Com-
mandanten Holzmüller, der während der Belagerung durch
die Kaiserlichen im 30jährigen Krieg den über die Einnahme Ulms erfreuten österreichischen Offizieren durch einen
Kanonenschuss das Festmahl gewürzt hat. — Der übrige
Theil des Schlosses ist für die Wohnungen der Geistlichen
eingerichtet. Empfehlenswerthe Gasthäuser in Urach sind:
Post, Krone, Adler, Ochsen, Waldhorn.

Wenn wir die herrlichen Albtouren, die von Urach aus
noch gemacht werden können, auf ein anderes Mal auf-
sparen wollen, so benützen wir zur Rückfahrt nach Tübingen
die Eisenbahn, welche uns, vorbei an der bekannten Uracher
Bleiche, über die saftigen Wiesen des von hohen und bewaldeten Berghöhen eingeengten, reizenden Ermsthals hinweg, thalabwärts an den Karpfenbühl, den Dörfern Dettingen

und Neuhausen vorbei, zunächst nach Metzingen und weiterhin über Reutlingen nach Tübingen bringt. Ausser der neuerbauten gothischen Dorfkirche, einem Wasserfall und der Werner'schen Papierfabrik bietet der schön gelegene und grosse Ort Dettingen wenig Sehenswerthes. In seiner Nähe erhebt sich der Karpfenbühl oder Calwerbühl, auf welchem einst eine Kapelle mit einem Calvarienberg gestanden hat, welcher ohne Zweifel dem Berg seinen Namen gab. Im Jahr 1377 wurde der Ort Dettingen von den das Uracher Thal plündernd durchziehenden Reutlingern gänzlich verbrannt.

In dem Liasschiefer von Neuhausen und Metzingen finden sich viele Versteinerungen. Das ebenfalls an der Erms gelegene Metzingen ist eine sehr gewerbreiche Stadt, die erst in neuerer Zeit in industrieller Beziehung den bedeutenden Aufschwung genommen hat. Bei Metzingen nach einer Ueberschwemmung 1789 gefundene römische Inschriften und Bilder, sowie ein Altar, weisen auf die frühere Niederlassung der Römer hin. Auch soll Metzingen der Schauplatz der blutigen Schlacht sein, die im Jahre 451 nach seiner schweren Niederlage bei Chalons der Hunnenkönig Attila den Alemannen lieferte. Aufgefundene Waffen, Schwerter, Harnische, Bogen und Pfeile, sowie in Gruben aufgehäufte Menschenknochen scheinen für die Glaubwürdigkeit der Sage zu sprechen, dass wir hier die Wahlstatt einer grossen Schlacht vor uns haben. Der beim Orte sich erhebende Berg, der sog. Metzinger Weinberg, sowie der über ihn hereinwinkende Floriansberg, schöne Basaltkegel mit hübscher Aussicht, sind wie auch der benachbarte Jusiberg (Kohlberg), sicher vulkanischer Natur.

Als Gasthof ist besonders nennenswerth das Hôtel
Sprandel beim Bahnhof. Weitere Gasthäuser in Metzingen
sind: Adler, Post, Stern, Waldhorn.

*   *   *

Zu stark fühlen wir uns von den Thälern der schwäbischen Alb durch die ganze Fülle ihrer landschaftlichen
Reize, durch ihre mannigfaltige geschichtliche Erinnerungen
weckenden Naturschönheiten angezogen, als dass wir auf
die Gefahr hin, unsere Grenzen zu überschreiten, unterlassen
könnten, hier noch auf einige umfassendere Wanderungen
aufmerksam zu machen.

Wieder das Thal der Erms, von Metzingen bis Urach
das Uracher Thal und bis zum Ursprung das Seeburger
Thal genannt, mit seinen Seitenthälern, dem Mauchen- und
Elsachthal, sei diesmal unser Ziel.

Eine bequeme Strasse im wilden Seeburger Thal führt
uns von Urach aus, vorbei an 2 Papiermühlen und einer
Spinnerei, in 1 Stunde zu der Georgenauer Mühle am
Fusse der auf hoher und schroffer Felsenspitze über dem
Schlösslesberg sich erhebenden Ruine Hohenwittlingen,
zu der ein vielfach geschlungener Weg hinaufgeht. In der
Mühle werden Erfrischungen gereicht. In dem Burgfelsen
befindet sich die mit einer Leiter zugängliche Steffens-
höhle, in deren innerem Raume Mondmilch sich bildet, und
unweit davon im Jurakalk die sehr lange Schillerhöhle,
deren unterirdische Felsengänge bald aus schmalen Spalten
bestehen, bald in eine Art von Grotte und unzugängliche
Verklüftungen auslaufen. Auf Hohenwittlingen, welches ursprünglich den Grafen von Achalm und Urach gehörte, fand
durch Herzog Ulrich 1548 der Reformator Brenz eine Zu-

fluchtsstätte. Im Jahre 1576 äscherte ein Brand die Burg
zum grössten Theile ein. Auf einem 1stündigen Weg, vorbei an den Ruinen von Baldeck, gelangen wir zu dem
äusserst malerisch zwischen hohen Felsbergen gelegenen Dorf
Seeburg (Gasthof z. Löwen). Viele Tuffsteinbrüche befinden
sich im Orte und sorgen für den Unterhalt der Bewohner.
Das Dorf, früher nur aus wenigen Häusern bestehend, war
einst von einem See eingeschlossen, welchen die Veste auf
dem Burgberg überragte. Der See ist jetzt trocken gelegt,
und von der Burg keine Spur mehr vorhanden.

Von Urach aus besuchen wir noch die merkwürdige
Falkensteiner Höhle bei Grabenstetten — eine der
bedeutendsten in der an Höhlen reichen Urachergegend. Wenn
wir thalaufwärts dem Elsachflüsschen folgen, so kommen wir
in 1½ Stunden vor ungeheuren, nackten Kalkwänden an,
welche die Eingangshalle zu dem weit in das Gebirge sich
hinziehenden Höhlengange bilden. Diesen durchströmt die
aus unbekannten Klüften, vielleicht aus einem unterirdischen
Gebirgssee herausfliessende, oft sehr stark anschwellende
Elsach, um mit furchtbarem Getöse durch einen Spalt inmitten der Höhle in jähe Tiefen hinabzustürzen und vor
derselben wieder zum Vorschein zu kommen. Die Höhle hat
ihren Namen von dem über ihn sich erhebenden, weithin sichtbaren Felsen, auf welchem einst die Burg der Herren v. Falken-
stein gestanden haben soll. Bei Grabenstetten befinden sich
die Reste einer römischen Verschanzung, der sog. Heiden-
graben. — Unbeschreiblich schön ist die Aussicht von der
benachbarten Burgruine Hofen aus hinab nach Schlattstall in die gähnende Tiefe des Lenninger Thals, in welches von
hier aus ein Weg hinunterführt, und das wir etwas flüchtig
bei unserer folgenden Tour kennen lernen werden. Auch

7

auf die 2 Stunden von hier entfernte Ruine Hohenneuffen können wir auf einem über das Albplateau hinführenden Wege gelangen. Doch von diesen Punkten bei der nächsten Parthie.

*　　*　　*

Mit der lohnenden und beliebten Excursion auf den Hohenneuffen, gleichberühmt als vortrefflich gelegener Aussichtspunkt, wie auch durch die Grossartigkeit seiner Burgruine, sowie hinüber in's reizende Lenninger Thal, haben wir bereits die Schranken unseres Gebiets erreicht.

Wer von Tübingen aus auf den Neuffen, die schönste und grossartigste aller Ruinen Schwabens, gelangen will benütze bis Metzingen oder Dettingen die Eisenbahn, um von hier aus zu der Veste entweder auf einem Nachbarschaftsweg über Hülben, oder über den vom Hörnle und Jusiberg eingeschlossenen, durch seine überraschende Aussicht ausgezeichneten Sattelbogen und weiterhin über saftige Wiesengründe hinweg zunächst nach dem Städtchen Neuffen zu gelangen. Ein Weg von Urach aus, das Mauchenthal hinauf und über Hülben hätte ebenfalls zum Ziele geführt.

Das am Fusse des Hohenneuffen freundlich gelegene Städtchen Neuffen (Hirsch, Ochsen) bietet ausser der gothisch gebauten Pfarrkirche und einem davor befindlichen, gut gearbeiteten Oelberg wenig Merkwürdiges. Um so mehr zieht uns das lachende und besonders in der Blühezeit stark besuchte Neuffener- oder Steinachthal an, durch welches uns zwischen Weinbergen und einem Wald von Kirschbäumen hindurch ein schöner Weg über die Dörfer Linsenhofen (Linde) und Frickenhausen in 2 Std.

nach der reizend am Neckar gelegenen Oberamtsstadt Nürtingen führt.

Einen gewaltigen Eindruck erweckt in uns aber besonders der majestätische Anblick des steilen und weit ins
Thal vorspringenden, desshalb auch weither sichtbare basal-
tische Felsenkegel, welchen ein schmaler Bergrücken mit
dem Albplateau verbindet und der auf seinem 730 Mtr. das
Meer überragenden Gipfel die mächtigen Ruinen der Festung
Hohenneuffen trägt. In ³/₄ Stunden führt von dem Städtchen Neuffen der nicht verfehlbare und angenehme Burg-
weg über Schafweiden und durch schattigen Wald hinauf
zu der herrlichen Höhe, wo eine fast unbegrenzte Aussicht,
hinüber bis zum Schwarzwald, auf die herrliche Umgebung
und weit hinab in's Unterland, das entzückte Auge erfreut.

Auf dieser Burg war der Sitz des durch seine Treue
und Anhänglichkeit zu den hohenstaufischen Kaisern so berühmt gewordenen Geschlechts gleichen Namens, aus welchem
der liebliche und beherzte Minnesänger Gottfried von
Neuffen hervorgegangen ist (um 1240). Durch Heirath
kam die Burg mit Bertholds v. Neuffen Tode 1310 an dessen
Schwager Conrad v. Weinsberg und 1301 durch Verkauf
an Württemberg. Von merkwürdigen Staatsgefangenen, die
hier auf der Festung aufbewahrt wurden, erwähnen wir
Conrad Breuning, Vogt von Tübingen, Kauzler Holzin-
ger 1598, Kanzler Enzlin 1609 und der „Jude Süss“
1737. Im Jahre 1802 wurde die verwahrloste und bau-
fällige Burg geschleift.

Wir verlassen die Ruine, um am südöstl. Rande der
Albfläche über das Dörfchen Erckenbrechtsweiler zu dem
vielfach besuchten Beurener Felsen zu gelangen, wo
bei klarem Wetter sich eine entzückende Fernsicht dem

Blicke eröffnet, die wir in Hauffs Lichtenstein so farben-
reich geschildert finden. Hier hat man das ganze Albplateau
mit ihren zahlreichen Höhenpunkten in reizender Reihenfolge, den Neuffen, die Achalm, den Rossberg, die Teck,
den Rechbergund den Hohenstauffen vor sich. Noch ist als
hübscher Aussichtspunkt die äusserste Spitze des Burgwaldes,
der ebenfalls nahe bei Erkenbrechtsweiler aus jäher Tiefe
hervorspringende Bruckener Felsen zu erwähnen, von
welchem aus wir einen schönen Ueberblick auf das reizendste
aller Albthäler, das sog. Lenninger Thal gewinnen, mit dem
herrlichen Teckberg und den dicht bewaldeten und mit Felsen
gekrönten Berghöhen, welche das obstbaumreiche, von der
Lauter durchflossene Thal begrenzen. Von hier aus wenden
wir uns zurück, um auf einem Fusswege, vorbei an der
Ruine Sulzburg, hinunter ins Thal nach Unterlemmingen zu
kommen. Auch von der Sulzburg aus hat man eine
herrliche Aussicht auf das Lenninger Thal, in dessen reizen-
dem Vordergrund wir den Aufblick zu den Burgen Teck,
Diepoldsburg und Wielandstein geniessen, von denen
aber nur noch Spuren vorhanden sind. Das Lenninger Thal
wird besonders häufig zur Blüthezeit der Kirschen besucht,
wo ein wahres Meer von Blüthen ihre balsamischen Düfte
über das saftgrüne Wiesenthal ergiessen.

Die Lauter entsteht aus 2 Quellarmen, der Schlattstaller
und der Gutenberger Lauter, deren pittoreske Thäler zu
besuchen es sich besonders lohnt. Aeusserst malerisch
ist die Lage des kleinen Dorfes Gutenberg (Löwen), wo
auf einem Hügel früher die Burg, derer v. Gutenberg, einer
Linie aus dem Geschlechte der Herren v. Teck gestanden
hat. Ueber das Donthal, eine Schlucht, die bei Gutenberg sich öffnet, schauen die ansehnlichen Ruinen von Sper-

berseck herein, wo einst die Erben von Sperberseck, ein ansehnliches Dynastengeschlecht, ihren Sitz hatten. Bei dem romantisch gelegenen, ganz zwischen Bergen eingeschlossenen Schlattstall quillt der andere Theil der Lauter aus den Felsengängen der Schlattstaller Höhle hervor. Die bedeutendste Ruine im Lenninger Thal ist die bei dem Städtchen Owen mächtig sich erhebende Teck, einst die Burg der Herzoge von Teck, deren begütertes Geschlecht besonders zur Zeit des Interregnums blühte. Einige derselben liegen in der Stadtkirche in Owen begraben, in welcher auch zwei Bilder der alten Burg zu sehen sind. Durch Verpfändung und Verkauf war Teck mit allen Besitzungen schon 1381 an Württemberg gekommen; im Jahre 1525 wurde die Burg von den aufrührerischen Bauern erstürmt und niedergebrannt und 1741 wurde sie fast gänzlich abgetragen. Die Aussicht ist ausgezeichnet. Ein malerisches Panorama, besonders schön wenn die untergehende Sonne den Horizont im Westen vergoldet, enthüllt sich vor unseren Augen. Unter uns das Lenninger Thal, drüben die schön beleuchteten Trümmer der Burg Hohenneuffen und die schroffe Stirne des Beurener Felsen; ferner der Rossberg, die Achalm und im Nordosten der Hohenstauffen, der Rechberg und der Stuifen. Noch verdient die Felsengrotte unter dem Burgfelsen, das sog. Sibyllenloch, einen Besuch, wo nach der Sage eine Sibylle einst gehaust haben soll; auch von hier aus ist die Aussicht unvergleichlich schön.

Nachdem wir in kurzen Zügen die Hauptschönheiten des Thales markirt haben, hält der Führer sich nicht für berufen, auf Weiteres einzugehen, so verlockend auch die reizenden Albthäler mit ihrem Reichthum an Naturschönheiten sind. Wer will, kann von dem nahen Kirchheim aus die Eisenbahn bis Unterboihingen benützen, wo nicht weit davon die K,öngener Brücke über den Neckar führt, über welche hinweg nach der bekannten Sage in Hauff's „Lichtenstein" der von seinen Feinden bedrängte Herzog Ulrich seinen kühnen Reitersprung gethan haben soll. Ein Obelisk auf der Mitte der Brücke erinnert daran. Die Eisenbahn bringt uns von Unterboihingen über Nürtingen, Neckarthailfingen und Bempflingen, Metzingen und Reutlingen nach Tübingen zurück.

* * *

Noch haben wir hier zuletzt — last but not least — der kleinen und netten Tour nach dem durch seine Aussicht und seine freundliche Lage auf einem felsigen Vorsprung der Schönbuchterrasse ausgezeichneten, über dem Ammerthal sich erhebenden Schlosse Hohen-Entringen zu gedenken, welche über das anmuthig gelegene und gerne besuchte Hagelloch, vorbei an dem schönen und einsamigen Schloss Roseck von Tübingen aus häufig gemacht wird. Das Schloss nebst Rittergut, zur Zeit dem Kammerherrn Frhr. v. Taubenheim gehörig, befindet sich auf dem Ort, wo einst die Burg des freien Geschlechts derer von Entringen, Lehensleute der Pfalzgrafen v. Tübingen, gestanden hat. Eine ausgezeichnete Aussicht nicht nur über einen grossen Theil des Schönbuchs, sondern auch über die Ortschaften des fruchtbaren Gäu hinweg, über das noch ein Streifen Schwarzwald herüberdämmert, geniesst man von dem herrlichen Höhenpunkte aus; der Blick hinüber auf die Berge der Alb, vom Plettenberg bis zur Teck, schliesst für unser Auge das entzückende Panorama ab. Ein $1\frac{1}{2}$stündiger Weg führt uns von dem am Fusse des Berges gelegenen Dorfe Entringen aus nach der hübschen Oberamtsstadt Herrenberg, welcher Ort mitten im Gäu am Abhang eines Ausläufers des Schönbuchs, dem sog. Schlossberg liegt, welcher auf seiner durch die herrliche Aussicht ausgezeichneten Höhe die Ruinen des Schlosses Herrenberg trägt. In 3 Stunden kommen wir über die im Ammerthal freundlich gelegenen Orte Kayh, Entringen und Unter-Jesingen nach Tübingen zurück.

Hier nimmt der Führer von seinem wanderlustigen Begleiter freundlichen Abschied, innerlich erfreut und befriedigt, wenn das Wenige, was er hier bieten konnte, dem Fremden das Bekanntwerden mit den vielen Sehenswürdigkeiten von Tübingen und Umgebung erleichtert, ihn auf die Fülle der landschaftlichen Reize eines der schönsten Theile unseres Schwabens aufmerksam gemacht und es ihm ermöglicht hat, die angenehmen Eindrücke und Erinnerungen immer wieder aufzufrischen und ins Gedächtniss zurückzurufen.

Verzeichniss der Gasthöfe der Stadt Tübingen
in alphabetischer Reihenfolge.

1. **Adler** in der Schmidthorstrasse; siehe Inserat-Anhang.

2. **Anker** in der Belthlesstrasse.

3. **Gambrinus** in der Marktgasse.

4. **Hase** in der Schmidthorstrasse.

5. **Hirsch** in der Hirschgasse.

6. **Kaiser** in der Kirchgasse.

7. **König** in der Herrenbergerstrasse.

8. **Lamm** I. Ranges, auf dem Marktplatz, Omnibus am Bahnhof; s. Inserat-Anhang.

9. **Linde** an der Rottenburgerstrasse; s. Inserat-Anhang.

10. **Löwen** Kornhausstrasse; s. Inserat-Anhang.

11. **Ochsen** in nächster Nähe des Bahnhofs und der Parkanlagen; s. Inserat-Anhang.

12. **Prinz Karl** in der Hafengasse, bei der Stadtpost, Omnibus am Bahnhof.

13. **Schwarzer Wallfisch** in der Ammergasse.

14. **Sonne** in der Marktgasse.

15. **Traube** (Post), I. Ranges in der Wilhelmsstrasse, Omnibus am Bahnhof.

16. **Waldhorn** in der Neckarhalde.

Annoncen-Anhang.

Gasthof z. goldenen Ochsen.

In schönster
Lage der Stadt
zunächst
dem Bahnhof.

der Post,
Telegraphen-
Bureau
den Parkanlagen

TÜBINGEN.

— Neue comfortable Einrichtung. —

Grosse Bier- & Café-Lokalitäten.

Münchener Glasbier,

Café zu ieder Tageszeit.

Fünfunddreißig in- und ausländische Zeilungen.

Gute Küche.

Vorzüglich rein gehaltene Weine.

Diner zu festem Preis & Speisen nach der Karte

zu jeder Tageszeit.

Reservirte Zimmer für kleine Gesellschaften.

Aufmerksame Bedienung.

Mässige Preise.

Portier am Bahnhof zu jedem Zuge.

Albert Schuler, Besitzer.

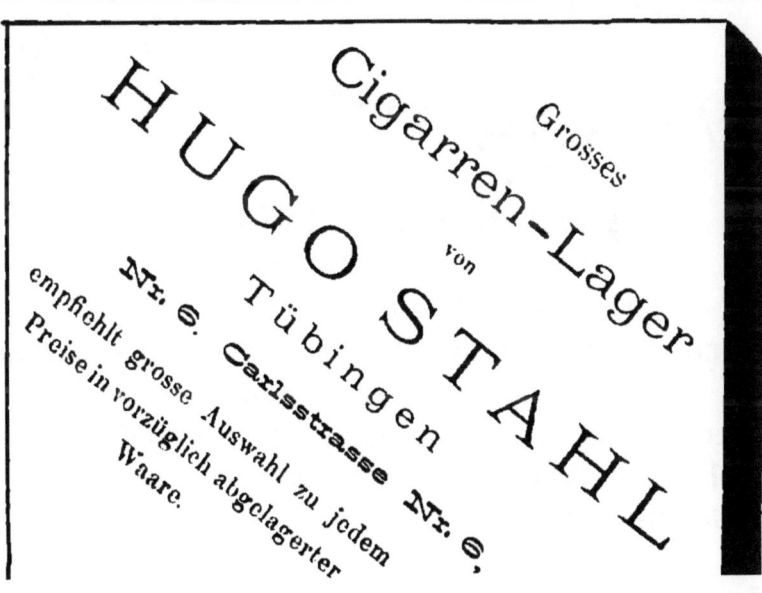

Die

J. J. Heckenhauer'sche

Buch- & Antiquariatshandlung

am Holzmarkt

empfiehlt ihr reichhaltiges

Sortiments- und Antiquariats-Lager

aus allen Zweigen der Wissenschaft, in
schöner Literatur & Prachtwerken.

Musikalien
(Edition Peters)

Photographien und Lichtdrucke.

Reclam'sche Universal-Bibliothek

COLLECTION SPEMANN

Reisehandbücher, Karten

UND ANSICHTEN

Commersbücher, Biercomments u. dgl.

Verlag des

Tübinger Commersbuchs

Preis gebd. Mk. 3.

und des

Breitschwert'schen Tableaus

Burschenleben.

Preis Mk. 2.— schwarz, Mk. 3.50 colorirt.

LEISTUNGSFÄHIGE BUCHBINDEREI.

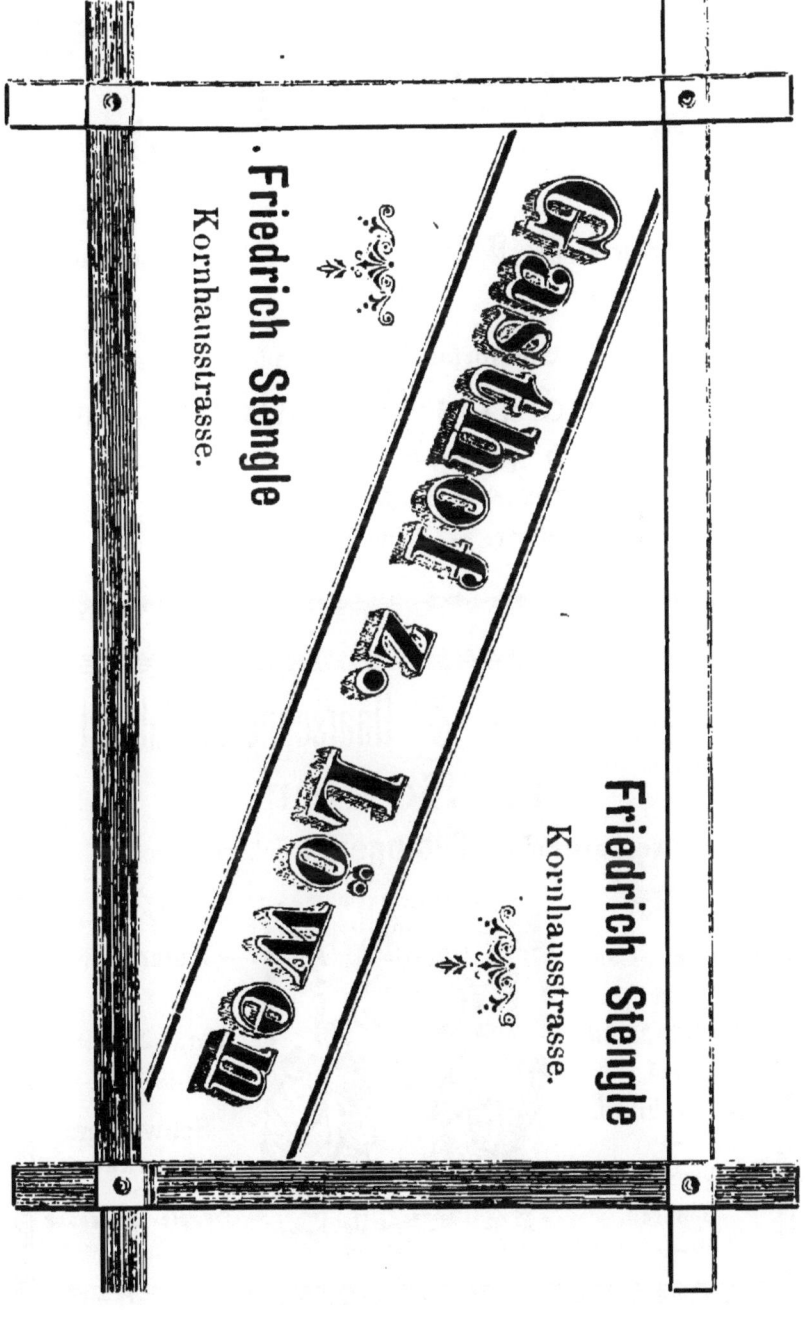

Gasthof z. Löwen

Friedrich Stengle

Kornhausstrasse.

Friedrich Stengle

Kornhausstrasse.

C. Herrmann

Coiffeur

Neue Straße Tübingen Neue Straße

Elegant

eingerichteter Frisir-Salon.

Großes Lager deutscher, englisch. und franz. Parfümerien & Toilettenartikel, Kamm- & Bürstenwaaren, Frottir-Tücher & Handschuhe, Schwamm-Beutel, Badehauben & Reiserollen.
Schwämme in großer Auswahl.
Anfertigung aller Arten Haararbeiten für Damen & Herren.
Theater-Perücken werden ausgeliehen.
Gesellschaften auf das billigste bedient.

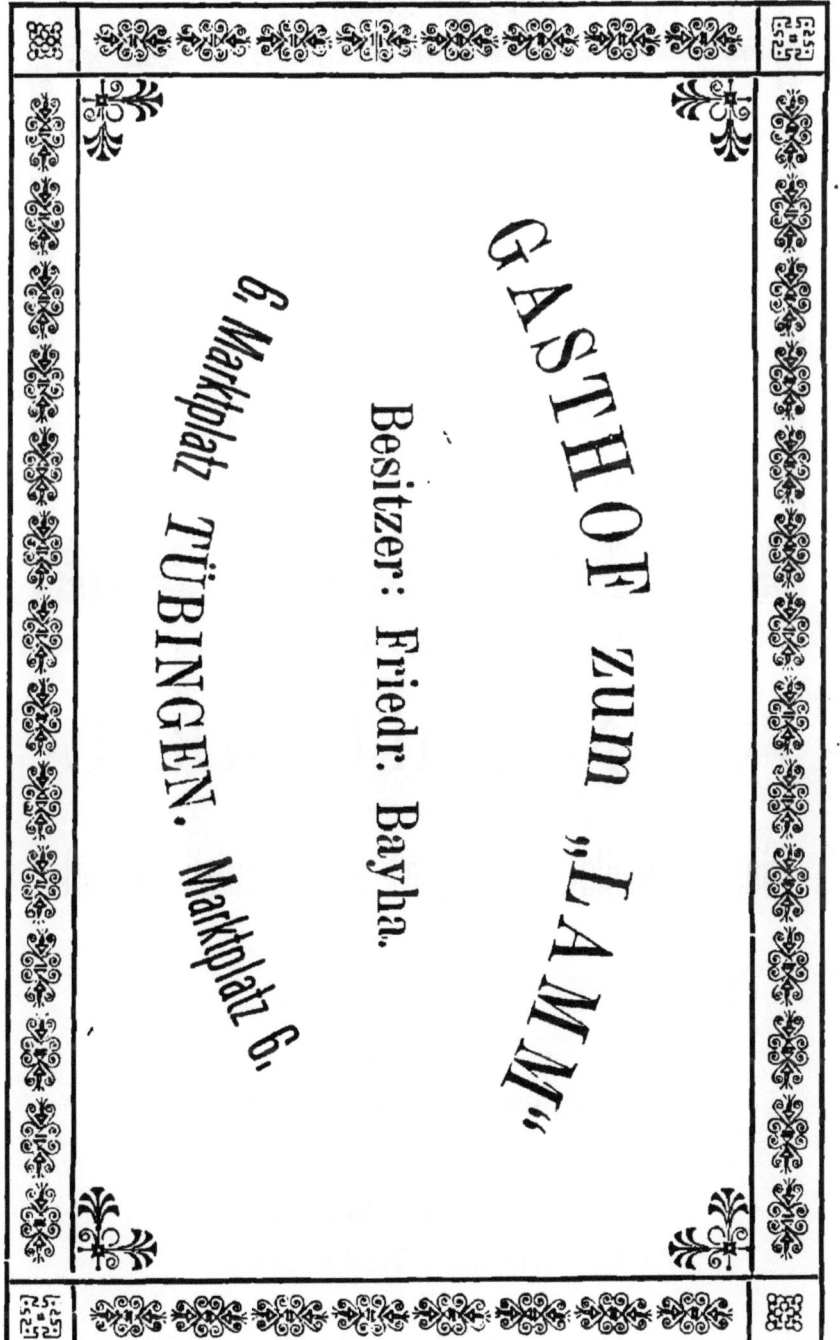

Die
Osiander'sche Buchhandlung
TÜBINGEN
empfiehlt ihr grosses
KUNST - LAGER,
Prachtwerke & Photographien
nach Originalgemälden moderner Meister.

Ansichten
von
Tübingen & Umgebung
in verschiedenen Grössen mit und
ohne Rahmen,
Schwäbische Volkstrachten.
Photographien der hiesigen Universitäts-
Professoren.
Emaille-Bilder
in mannigfaltigster Auswahl.

Gediegenes Musikalien-Lager
OUVERTUREN, SYMPHONIEN, KLAVIER-
AUSZÜGE, zwei- und vierhändig, LIEDER
und GESÄNGE, Edition Litolff, Peters, Breit-
kopf & Härtel halten wir stets auf Lager
vorräthig.

Etwa nicht Vorräthiges
wird in 3—4 Tagen
prompt besorgt.